부동산산업 윤리 시리즈 1

부동산개발의 윤리

건국대학교 부동산·도시연구원
케빈정/알에이케이 투자윤리연구센터

박영사

발간사

‘부동산산업 윤리 시리즈’의 발간을 세상에 알립니다.

2016년 ‘부동산 산업의 윤리’를 세상에 내놓은 이래 2020년에는 ‘부동산산업 윤리 시리즈’를 발간합니다. 5년 전 부동산산업 윤리라는 용어 자체도 생소했던 환경에서 그 의미의 중요성을 인식시키고, 연구와 교육을 위해 케빈정/알에이케이 투자윤리연구센터를 설립했습니다. 시작과 진행을 함께 하며 지켜봐 왔던 입장에서 부동산산업 윤리 전문서적 시리즈의 발간은 감개무량합니다.

부동산산업 윤리의 제고를 위한 새로운 길을 제시합니다.

부동산·도시연구원은 건국대학교의 교책연구소입니다. 산하기관인 케빈정/알에이케이 투자윤리연구센터는 2015년 RAK 케빈정 회장의 제안과 기부로 부동산산업의 투명성, 신뢰성, 윤리성의 제고를 목표로 설립되었습니다. 국토교통부가 후원하고 한국부동산분석학회가 주관한 2016년 제1회 부동산산업의 날 행사에서 부동산산업 윤리헌장을 공포하는 등 윤리와 관련한 세미나와 서적발간 등 부동산산업 윤리의 제고를 위한 새로운 방향을 꾸준히 제시해 왔습니다.

부동산산업 윤리의 전문성을 강화하고 있습니다.

케빈정/알에이케이 투자윤리연구센터는 우리 사회에 부동산산업 윤리의 중요성을 인식시키고 논의를 한 단계씩 상향시켜온 점이 성과라고 자부합니다. 부동산개발업, 부동산금융업, 부동산자산관리업, 부동산감정평가업 등 부동산산업을 대표하는 전문분야를 현직 부동산학과 교수를 중심으로 집필진을 구성하고 상당 기간의 노력으로 일궈낸 4권의 책인 ‘부동산산업 윤리 시리즈’의 출간은 전문성 강화 측면에서 각별합니다. 집필진이신 백민석, 강민석, 남영우, 윤동건, 김재환 교수께 감사 인사를 드립니다.

부동산산업 윤리의 내재화와 내실화를 꾀해 왔습니다.

건국대학교 부동산과학원은 부동산산업 윤리 교과목을 개설하고 각종 윤리 세미나를 진행해 왔습니다. 이제 윤리 교과목은 부동산학에서 기본이고 원칙인 과목으로 자리매김하고 있습니다. '부동산산업 윤리 시리즈'의 출간은 부동산 윤리교육의 내재화와 내실화라는 큰 흐름에 이바지하리라 판단합니다.

고마움을 전합니다.

부동산산업 윤리라는 척박한 분야에 새로운 씨를 뿌려주신 RAK 케빈정 회장께 감사 인사를 드립니다. 센터를 이끌고 부동산산업 윤리 시리즈를 기획하고 진행해 주신 유선종 교수께도 심심한 사의를 표합니다. 부동산산업의 윤리에 대해 고민하고 노력하고 계신 모든 분께 '부동산 산업윤리 시리즈'의 발간에 즈음하여 고맙다는 말씀을 드립니다.

2020. 11.
건국대학교 부동산·도시연구원장 이현석

축   사

    코로나 19의 여파로 인해 여러모로 어려운 상황 속에서도 케빈정/알에이케이 투자윤리연구센터의 기획운영진을 비롯하여 부동산개발, 금융, 평가, 자산관리 등 각 분야별로 함께해주신 집필진 분들이 고민하고 연구하여 만들게 된 '부동산산업의 윤리' 시리즈의 두 번째 출간을 진심으로 축하합니다.

    2001년 한국에 리츠 제도가 도입된 이후, 지난 20년간 한국의 부동산산업, 특히 부동산 투자 업계는 양적으로나 질적으로 엄청난 변화와 발전을 이루어 왔고, 최근 몇 년 동안 한국 기관투자자들의 해외 부동산 투자 역시 유럽, 미국, 아시아 등으로 진출하고 있으며 이러한 트렌드는 앞으로도 지속적으로 확대될 것으로 예상됩니다. 이러한 트렌드에 맞춰서 한국의 부동산 투자산업의 패러다임은 경제 개발 시기인 1970~80년대에 개인 혹은 사기업이 부(富)를 축적하기 위해 사용하던 수단에서 벗어나 궁극적으로 공공의 이익을 추구하는 기관화(Institutionalized)로 급속히 변화하고 있으며, 그 과정 속에서 시장 참여자, 특히 대리인의 도덕적 해이, 역선택, 무임승차 등 대리인의 이해상충(Agency Dilemma) 이슈가 대두되고 있습니다. 최근에는 공적 연기금 등의 취약하고 비전문적인 지배구조와 투자의사 결정 과정의 불투명성에 관한 관심도 높아지고 있습니다. 또한 국내외 자본시장의 상호의존성과 각 나라의 상이한 규제와 제도는 투자윤리에 맞물려 준법이슈가 세계로 진출하고 있는 부동산 투자 업계에 커다란 도전이 될 것입니다.

    4차산업혁명이라 일컫는 첨단기술의 발전은 부동산산업을 매우 빠르게 변화시키고 있습니다. 이에 따라 부동산윤리에 관한 연구도 뒤처지지 않고 계속해서 발전해 나가야 하며, 끊임없는 노력이 필요한 상황입니다. 다양한 시장 참여자들과 부동산 학계의 산학 협력을 통해 적극적이고 체계적인 학문적 연구와 사례연구, 그리고 전문직업윤리교육을 통해 풀어나가야 할 과제이자 도전이며, 이는 부동산산업 윤리의 발전을 위해 설립된 케빈정/알에이케이 투자윤리연구센터의 목적이기도 하며 사명이기도 합니다.

한국 최고의 역사와 세계 최대규모를 가진 건국대학교 부동산과학원의 커리큘럼에 부동산산업 윤리과목이 정규과목으로 개설되어 운영되는 것도 매우 의미있는 것으로 생각합니다만, 5년 전 이러한 문제의식에 공감하여 건국대학교 부동산·도시연구원에 설립된 케빈정/알에이케이 투자윤리연구센터가 이번에 두 번째의 성과물로 부동산산업 윤리 시리즈를 발간하게 된 것은 우리 모두의 기대에 부응하는 커다란 진전이라고 생각합니다.

끝으로 금번 '부동산산업의 윤리' 발간에 있어 집필진으로 참여해 주신 교수님들과 책을 구성하는데 도움을 주신 기획운영진 및 대학원생 분들께 깊은 감사를 드립니다. 또한 부동산 윤리연구가 지속적으로 운영될 수 있도록 물심양면으로 수고해 주신 신종철 부동산과학원장, 이현석 부동산·도시연구원장, 유선종 케빈정/알에이케이 투자윤리연구센터장, 신은정 케빈정/알에이케이 투자윤리연구센터 책임연구원을 비롯한 관계자 분들께 응원의 박수를 보내며 건승하시기를 간절히 기원합니다. 오늘의 두 번째 발간이 우리나라 부동산투자 윤리 발전의 역사에 커다란 진전으로 기억되기를 희망합니다.

2020. 11.
RAK 회장 케빈정

인사말

돌이켜 보면 우리 케빈정/알에이케이 투자윤리연구센터가 건국대학교 부동산도시연구원 산하에 둥지를 튼 지도 벌써 5년이라는 시간이 흘렀습니다. 5년 동안의 노력과 시행착오의 결실이 이렇게 부동산산업 각 분야의 윤리서로 출간되는 것이 감개무량할 따름입니다.

케빈정/알에이케이 투자윤리연구센터(이하, "본 센터")는 RAK 회장인 케빈정과 ㈜알에이케이자산운용의 기부를 받아 설립된 기관입니다. 본 센터는 기부자이신 케빈정 회장님과 건국대학교 부동산학과 교수님들의 뜻을 모아 대한민국 최초로 부동산산업의 윤리에 대하여 연구하는 기관으로 출발하였습니다.

본 센터는 부동산 투자운용 전문가 및 부동산산업 종사자들의 직업윤리를 고취할 수 있도록 건국대학교 부동산학과와 부동산대학원에서 '부동산산업 윤리' 강좌를 필수과목으로 진행하고 있으며, 부동산산업 윤리 연구를 지원함으로써 불모지와도 같던 부동산산업 윤리 분야에 기여하고 있습니다. 또한 부동산 투자와 경영 활동의 투명성을 제고하기 위한 학문적 노력의 초석을 닦아 나감으로써 투명하고 선진화된 부동산시장과 산업이 되도록 고민하고 있습니다.

이를 위하여 윤리투자와 사회책임투자로 연구의 영역을 확대하고, 기업의 재무적 요소뿐만 아니라 ESG 요소, 즉 환경(Environmental), 사회(Social), 지배구조(Governance) 등과 같이 기업의 지속가능성에 영향을 미치는 비재무적 요소도 고려하는 부동산책임투자(Responsible Property Investment) 즉, 부동산투자에 사회책임투자의 원칙을 적용한 행위규범인 부동산책임투자로 연구의 영역을 확대하고, 이들에 대한 평가지표 중 하나인 사회적 투자수익률(SROI: Social Return On Investment)에 대한 연구로 그 영역을 넓혀나갈 것입니다.

본 센터의 초대 센터장이신 조주현 교수님은 2016년 국토교통부에서 제정한 제1회 부동산산업의 날에 맞추어 '부동산산업의 윤리'를 발간한 바 있습니다. 금번에는 부동산산업의 여러 분야 중에서 부동산개발(백민석), 부동산금융(강민석, 남영우), 부동산자산관리(윤동건), 감정평가(김재환)에 대한 윤리서를 발간하게 되었습니다.

부동산산업 윤리 시리즈의 두 번째 발간을 계기 삼아 더욱 도약하고 부동산산업의 투명화, 선진화에 더욱 기여하는 케빈정/알에이케이 투자윤리연구센터가 되도록 노력하겠습니다. 이 책의 발간까지 물심양면 지원을 아끼지 않으신 케빈정 회장님과 ㈜알에이케이자산운용, 그리고 신종칠 부동산과학원장, 이현석 부동산·도시연구원장, 부동산학과의 모든 교수님들과 집필진들께 감사의 인사를 드립니다. 마지막으로 이 책의 시리즈가 나오기까지 오랫동안 고생하신 박영사의 노현 이사와 전채린 과장, 원고의 교열을 맡아 수고한 신은정 책임연구원, 강민영, 고성욱, 음세호 원생에게 감사를 전합니다.

2020.11
케빈정/알에이케이 투자윤리연구센터장 유선종

목　차

PART 04
부동산개발업 전문직의 윤리 인식도 및 윤리적 갈등 사례 분석

PART 05
부동산개발업 윤리 발전 방안

APPENDIX
부록

01

부동산개발업

01
부동산개발업의 개념

　　부동산 개발업의 실무상 개념은 상당히 포괄적으로 설정될 수 있다. 학계 및 실무계에서도 명확한 범위를 한정하기 어렵다. 일반적으로 부동산개발업의 관리 및 육성에 관한 법률 제2조에 의거하여 "부동산개발업"이란 타인에게 공급할 목적으로 부동산개발을 수행하는 업으로 정의하고 있다. 또한 "부동산개발"은 다음 각 목의 어느 하나에 해당하는 행위로 정의하고 있으며, 시공을 담당하는 행위를 제외하고 있다.

　　첫째, 토지를 건설공사의 수행 또는 형질변경의 방법으로 조성하는 행위이다. 둘째, 건축물을 건축·대수선·리모델링 또는 용도변경 하거나 공작물을 설치하는 행위이다. 이 경우 "건축", "대수선", "리모델링"은 「건축법」 제2조 제1항 제8호부터 제10호까지의 규정에 따른 "건축", "대수선" 및 "리모델링"을 말하고, "용도변경"은 같은 법 제19조에 따른 "용도변경"을 말한다.

　　학계 및 이론가의 개념정리는 다음과 같이 진행되어 왔다. 각 국가 및 연구자마다 부동산개발업의 개념 정의는 조금씩 차이를 두고 있다. 선행연구에서 제시하고 있는 부동산개발의 개념을 정리해보면 다음과 같다. Larry E. Wofford(1992)는 부동산 개발의 개념을 건축개량과 토지조성활동을 포함하여 인간에게 생활, 일, 쇼핑, 레저 등의 공간을 제공하기 위한 토지개량 활동이라 정의 하였다. 김수현(2010)은 부동산 개발의 개념을 토지 및 건축의 개량행위라고 정의하였으며 부동산개발업이란 산업 활동의 하나로서 경제적 이익을 추구하는 지속적인 부동산개발활동이라 정의하였다. 노태욱 외(2008)는 부동산개발의 개념을 부동산의 효용가치를 증가시키는 정상적인 경제활동이라 정의하였다. 안정근(2009)은 부동산개발의 개념을 협의와 광의의 개념으로 구분하였다. 그 중 광의의 개념은 '토지와 개량물을 결합하여 실제로 운영할 수 있는 부동산을 생산하는 것'이라 정의하였다. 윤영식(2014)은 부동산개발의 개념을 인간에게 필요한 공간을 택지 등으로 조성하여 제공하는 것이라 하였으며, 덧붙여 토지와 개량물을 결합하여 판매 또는 임대하여 인간이 직접 사용할 수 있는 부동산을 생산하는 활동이라 정의하였다.

이종규(2011)는 부동산 개발의 개념을 부동산을 하나의 상품으로 하여 부동산의 특성과 시장의 구조, 소비자의 요구수준을 가장 적절하게 반영하면서 부동산으로서의 가치와 효용을 극대화하기 위한 적극적인 활동이라 정의하였다. 조주현(2007)은 부동산 개발의 개념을 사회적 수요와 환경의 변화에 따른 토지의 최유효이용을 위한 시장 적응 과정이라 정의하면서 도시 외곽의 한계 토지 또는 도심 재개발 지역이 인구나 소득의 증가로 인하여 개발압력을 받게 되면 결국 높은 수익을 주는 방향으로 토지이용이 결정된다고 말하였다. 황종규·조주현(2016)은 부동산 개발의 개념을 사회적 후생을 포함한 개발자의 수익창출 목적과 연관된 것으로, 판매나 임대 또는 직접 사용할 수 있는 부동산을 생산하되 개발수익이 높은 방향으로 토지를 이용하는 활동이라 하였으며, 이런 부동산 개발을 업으로 하는 것이 부동산개발업이라 정의하였다. 학계 및 이론가들이 제시하고 있는 부동산개발 및 부동산개발업에 대한 개념 정리를 요약하면 다음과 같다.

연구자	부동산개발 및 부동산개발업에 대한 개념 정의
Larry E. Wofford	건축개량과 토지조성활동을 포함하여 인간에게 생활, 일, 쇼핑, 레저 등의 공간을 제공하기 위한 토지개량 활동
Miles, M. E. 외	1. 개발은 개발팀의 건설과정을 통해 고객(임차인 혹은 건물주)이 건축공간을 취득하여 사용할 수 있도록 실현시키는 아이디어 2. 토지, 노동, 자본, 경영, 기업가 정신은 이러한 아이디어를 현실화하기 위해 필요한 수단 3. 사용가능한 공간에 이러한 서비스를 제공함으로써 가치가 창조되며, 고객이 완성된 건축물을 통해 목표한 이익을 향유할 수 있도록 하기 위해서 필요한 것은 공간, 시간, 그리고 서비스
김수현	부동산개발이란 토지 및 건축의 개량행위를 의미하며, 부동산개발업이란 산업활동의 하나로써 경제적 이익을 추구하는 지속적인 부동산개발 활동을 의미
노태욱	부동산의 효용가치를 증가시키는 정상적인 경제활동
안정근	토지, 노동, 자본의 생산요소를 결합하여 토지개량물(land improvement)을 생산하는 일련의 과정 및 활동
윤영식	부동산을 매입하여 그 사업을 기획하고 사업성 등을 검토하여 사업성이 있다고 판단되는 경우 사업을 추진하는데 이때는 주로 공사를 직접 하는 것이 아니라 도급을 주는 형태를 띠며, 분양이나 임대 또는 자체 운영하는 업무나 일련의 과정을 사업시행자를 대신하여 일정한 보수를 받고 사업을 추진하는 것을 의미
이종규	부동산을 하나의 상품으로 하여 부동산의 특성과 시장의 구조, 소비자의 요구수준을 가장 적절하게 반영하면서 부동산으로서의 가치와 효용을 극대화하기 위한 적극적인 활동
조주현	사회적 수요와 환경의 변화에 따른 토지의 최유효이용을 위한 시장 적응 과정
황종규 · 조주현	사회적 후생을 포함한 개발자의 수익창출 목적과 연관된 것으로, 판매나 임대 또는 직접 사용할 수 있는 부동산을 생산하되 개발수익이 높은 방향으로 토지를 이용하는 활동이고 이런 부동산개발을 업으로 하는 것이 부동산개발업

자료: 김수현(2010), 발췌 및 재구성.

02
부동산개발업의 분류

2007년 5월에 제정되어 동년 11월에 시행된 「부동산개발업법」에 따라 부동산개발업은 산업분류상 독립적인 업역인 "부동산개발 및 공급업"으로 개정되었다. 표준산업분류표 개정 이후 통계청에서 조사한 서비스업 조사 중 "부동산 임대 및 공급업"이 부동산개발업의 현황을 파악할 수 있는 공식적인 통계자료가 된다.[1]

위 내용을 토대로 파악한 제10차 개정 중 부동산관련 주요 내용은 부동산 이외 임대업 중분류는 사업시설 관리, 사업 지원 및 임대 서비스업 대분류로 이동하였고, 부동산 자문 및 중개업은 산업 규모를 고려하여 부동산 중개 및 대리업과 부동산 투자 자문업으로 세분된 점이다. 2017년 1월에 제정되어 7월에 시행된 제10차 개정을 통한 한국표준산업분류표상 부동산업의 분류는 다음과 같다.

---

1   김수현, 「부동산개발업자의 직업 윤리의식 조사·분석과 정책적 함의」, 서울시립대학교 도시과학대학원, 석사학위 논문, 2010, p.12.

■ [표 1-2] 한국표준산업분류표상 부동산업의 분류[Korean Standard Industrial Classification(KSIC)]

대분류(21)		중분류(77)		소분류(232)		세분류(495)		세세분류(1,196)	
코드	항목명	코드	항목명	코드	항목명	코드	항목명	코드	항목명
L	부동산업	68	부동산업	681	부동산 임대 및 공급업	6811	부동산 임대업	68111	주거용 건물 임대업
								68112	비주거용 건물 임대업
								68119	기타 부동산 임대업
						6812	부동산 개발 및 공급업	68121	주거용 건물 개발 및 공급업
								68122	비주거용 건물 개발 및 공급업
								68129	기타 부동산 개발 및 공급업
				682	부동산관련 서비스업	6821	부동산 관리업	68211	주거용 부동산 관리업
								68212	비주거용 부동산 관리업
						6822	부동산 중개, 자문 및 감정 평가업	68221	부동산 중개 및 대리업
								68222	부동산 투자 자문업
								68223	부동산 감정 평가업

자료: 통계청(http://kostat.go.kr/portal/korea/index.action)

■■■ [표 1-3] 한국표준산업분류표상 부동산업의 분류[Korean Standard Industrial
Classification(KSIC)]

세세분류_항목명	세부내용
주거용 건물 임대업	주거용 건물 및 건물 일부를 임대
비주거용 건물 임대업	사무, 상업 및 기타 비거주용 건물을 임대
기타 부동산 임대업	농업용 토지, 광물 채굴을 위한 토지 및 기타 부동산 임대
주거용 건물 개발 및 공급업	직접 건설활동을 수행하지 않고 전체 건물건설공사를 일괄 도급하여 주거용 건물을 건설하고 이를 분양·판매(구입한 주거용 건물을 재판매하는 경우도 포함)
비주거용 건물 개발 및 공급업	직접 건설활동을 수행하지 않고 전체 건물건설공사를 일괄 도급하여 비주거용 건물을 건설하고 이를 분양·판매(구입한 비주거용 건물을 재판매하는 경우도 포함)
기타 부동산 개발 및 공급업	택지, 농지 및 농장, 공업용지 등 각종 용도의 토지 및 기타 부동산을 위탁 또는 자영 개발하여 분양·판매(토지를 재판매하는 경우도 포함)
주거용 부동산 관리업	타인을 위하여 주거용 건물을 관리
비주거용 부동산 관리업	타인을 위하여 비주거용 건물을 관리
부동산 중개 및 대리업	수수료 또는 계약에 의거 건물, 토지 및 관련 구조물 등을 포함한 모든 형태의 부동산을 구매 또는 판매하는데 관련된 부동산 중개 또는 대리 서비스의 제공
부동산 투자 자문업	부동산관련 자문서비스를 제공하는 산업활동
부동산 감정평가업	수수료 또는 계약에 의거 부동산 임대, 부동산 판매 등에 따른 부동산 감정평가 업무를 수행

자료: 황종규·조주현(2016), 발췌 및 재구성.

통계청에서는 유엔의 국제표준산업분류에 기초하여 국내의 산업구조와 기술변화를 반영한 한국표준산업분류를 제정·고시하고 있다. [표 1-3]은 생산주체들이 수행하는 각종 상품과 서비스의 생산활동을 일정한 분류기준과 원칙을 적용하여 체계적으로 분류한 한국표준산업분류표 중 부동산업의 분류이다.

한국표준산업분류표에서 부동산업의 분류는 대분류, 중분류, 소분류, 세분류, 세세분류로 나뉜다. 대분류인 부동산업(코드 L)을 시작으로 중분류인 부동산업(코드 68)은 소분류인 부동산 임대 및 공급업(681)과 부동산관련 서비스업(682)으로 나뉜다. 부동산 임대 및 공급업(681)은 세분류인 부동산 임대업(6811)과 부동산 개발 및 공급업(6812)으로 나뉘며, 부동산 임대업(6811)은 주거용 건물 임대업(68111), 비주거용 건물 임대업(68112), 기타 부동산 임대업(68119)으로 세세분류된다.

부동산 개발 및 공급업(6812)은 주거용 건물 개발 및 공급업(68121), 비주거용 건물 개발 및 공급업(68122), 기타 부동산 개발 및 공급업(68129)으로 세세분류된다. 부동산개발업과 관련된 부동산개발 및 공급업(6812)은 직접 개발한 농장·택지·공업용지 등의 토지와 타인에게 도급을 주어 건설한 건물 등을 분양·판매하는 산업활동을 의미하며, 구입한 부동산을 임대 또는 운영하지 않고 재판매하는 경우도 여기에 포함된다. 그러나 자영건축물 건설(411)과 직접 건설활동을 수행하지 않더라도 건설공사에 대한 총괄적인 책임을 지면서 건설공사분야별로 하도급을 주어 전체적으로 건설공사를 관리하는 경우는 "41:종합건설업"으로 분류되므로 부동산개발 및 공급업에서는 제외된다.[2]

한국표준산업분류상의 부동산개발업은 '부동산임대 및 공급업'이라는 소분류 내에서 '부동산개발 및 공급업'으로 세분류되어, 직접 건설 활동을 수행하지 않고 전체 건물건설공사를 일괄 도급하여 주거용 건물 및 비주거용 건물

---

2 윤정득·이창석, 「부동산개발업과 부동산윤리에 관한 일고」, 한국부동산학회, 부동산학보 제36집. 2009.

을 건설하고 이를 분양·판매하거나 산업 활동 또는 택지, 농지 및 농장, 공업용지 등 각종 용도의 토지 및 기타 부동산을 개발하여 분양·판매하는 산업활동으로 정의되어 있다. 또한 「부동산개발업의 관리 및 육성에 관한 법률」에서는 부동산개발업을 '타인에게 공급할 목적으로 토지를 건설공사의 수행 또는 형질변경의 방법으로 조성하거나 건축물 등을 건축·대수선·리모델링·용도변경 하여 해당 부동산을 판매·임대하는 업'이라고 규정하고 있다.

그런데 한국표준산업분류상의 정의는 임대하는 행위를 포함하고 있지 않아 임대를 포함한 「부동산개발업의 관리 및 육성에 관한 법률」상의 정의와 차이를 보이고 있다. 「부동산개발업의 관리 및 육성에 관한 법률」이 2006년 12월 국회에서 통과되고 2007년 11월 시행에 들어간 것을 고려하면 2007년의 9차 한국표준산업분류와 다른 정의를 갖게 된 것은 문제가 있어 보이며, 윤정득 외(2009)에서 주장하듯이 혼란의 방지를 위하여 일치시킬 필요가 있다. 반면, 2017년 1월 시행된 10차 개정에도 일치되지 않았다. 그런데 전술한 바와 같이 부동산개발업이 개발수익이 높은 방향으로의 토지이용이라고 볼 때, 개발업자가 개발한 부동산의 직영임대를 제외시켜야 하는 합리적인 이유를 찾기는 힘들다.

1998년 외환위기 이후 수익용부동산의 평가방법이 거래사례비교법에서 수익환원법으로 전환되었고 이후 약 15년의 부동산개발 경험이 축적되면서 분양수익 목적의 개발 사업에 한계를 느끼는 사업체가 나타나고 있다. 최근에는 복합개발 사업 중 상업시설을 개발회사가 직접 운영 및 임대하는 사례도 보고되고 있다. 중요한 것은 부동산개발업자의 직영임대가 개별 수분양자에게 분양만 하고 모든 것을 맡기고 떠나버리던 종전과 달리, 직접 개발한 부동산 상품의 품질에 대하여 책임감을 가져야 사업체가 유지될 수 있다. 이러한 현상은 부동산 개발사업 계획 전반에 있어 윤리적 인식이 확산될 수 있는 전환점이 마련된 것이다.

이러한 배경 아래 부동산개발업의 정의는 직접 개발한 부동산의 임대를 포함한 개념으로 포괄할 필요가 있다. 물론 한국표준산업분류에서는 부동산임대업을 별도의 세분류로 정의하고 있으므로 세분류상의 부동산임대업의 경우는 자체 개발한 부동산이 아닌 매입부동산의 임대로 한정하면 문제가 없을 것이다. 아울러 한국표준산업분류상의 '부동산개발 및 공급업' 세세분류인 '기타 부동산 개발 및 공급업'의 경우, 토지를 재판매하는 경우를 포함하고 있는데, 토지의 개발이 아닌 매입토지의 단순매매를 통한 시세차익을 목적으로 토지를 구입하는 것이 과연 부동산개발업인지 여부는 생각해볼 문제이다. 부동산개발사업 시장이 호경기였던 2000년대 초, 중반 이러한 시세차익 목적의 토지구매는 건전한 부동산개발사업자들의 토지 구매가격을 상승시켰고, 결과적으로 개발된 부동산의 최종소비자에게 전가되는 결과를 가져왔다. 부동산을 생산한다는 포괄적 의미의 부동산개발의 정의와도 부합하지 않고 부동산 소비자에게 필요이상의 비용을 부담하게 하는 토지의 재판매는 부동산개발업에서 제외되는 것이 윤리적으로도 바람직할 것이다.[3]

---

3 황종규·조주현, 「부동산개발업자의 개발윤리에 관한 고찰」, 부동산·도시연구 제9권 제1호, 2016, pp.27~28.

03
부동산개발업의 현황

　현대의 기업들은 대부분 윤리경영형태(Moral Management Type)를 지향하고 있다. 기업의 입장에서 윤리경영이란 '기업 또는 구성원이 의도적으로 사회나 자연에 대해서 유형·무형의 불이익을 미치는 기업 활동을 하지 않는 것'을 포함한다(이종영, 2007). 최근 규모가 있는 회사의 경우 윤리경영에 대한 이해와 관심이 확대되고 있고 투명경영을 포함한 기업의 자선적 활동까지 포괄하는 사회적 책임(Corporate Social Responsibility)의 확장된 개념으로 인식하고 있는 점을 고려할 때 사업자의 윤리적 인식이 기업의 생존과 발전에 필수적인 요인으로 주목받고 있다.

　이러한 기업윤리의 준수의식은 기업의 규모가 클수록 높아지며 부동산 직업윤리도 부동산 관련업체 규모와 연관을 가지는 것으로 파악되고 있다(김수현, 2010). 물론 과거의 사례를 보면 기업의 규모가 크다고 윤리적 문제를 일으키지 않은 것은 아니지만 개발사업자의 규모에 따라 개발윤리 문제를 인식하는 정도가 차별화될 것으로 예상할 수 있는데, 이와 관련하여 현재 부동산개발업의 사업체 수 및 종사자 수, 매출액 등에 대한 통계를 살펴본다.

　2007년 제정된 '부동산개발업의 관리 및 육성에 관한 법률(법률 제8480호, 이하 "부동산개발업법"이라 한다)'에 따라 부동산개발업에 대한 기준마련을 위하여 한국표준산업분류표가 개정된 바 있고, 통계청에서는 2007년부터 한국표준산업분류표에 준하여 부동산개발업체에 대한 현황을 제공하고 있다. 다음은 통계청의 부동산개발업자에 대한 자료를 정리한 것이다.

■ [표 1-4] 부동산 개발업 및 공급업의 현황

시도별	산업별	2016				
		사업체수(개)	종사자수(명)	매출액(백만원)	영업비용(백만원)	인건비(백만원)
전국	부동산업 및 임대업 (68~69)	158,882	568,022	124,138,655	111,939,255	12,880,429
	▲ 부동산업	143,143	502,540	110,674,457	99,495,461	11,423,799
	－ 부동산 임대 및 공급업	17,865	83,924	74,398,667	66,022,168	4,250,739
	－ 부동산 임대업	12,524	44,288	12,645,612	10,397,551	1,163,263
	－ 부동산 개발 및 공급업	5,341	39,636	61,753,055	55,624,617	3,087,476
	▲ 부동산 관련 서비스업	125,278	418,616	36,275,790	33,473,293	7,173,060
	－ 부동산 관리업	32,596	251,782	21,684,614	20,329,375	5,671,976
	－ 주거용 부동산 관리업	21,112	158,848	9,724,337	9,392,806	3,693,380
	－ 비주거용 부동산 관리업	11,484	92,934	11,960,277	10,936,569	1,978,597
	－ 부동산 중개 및 감정평가업	92,682	166,834	14,591,176	13,143,918	1,501,083
	－ 부동산 자문 및 중개업	91,949	158,567	13,627,666	12,225,230	929,382
	－ 부동산 감정평가업	733	8,267	963,510	918,688	571,701

자료: 통계청(http://kostat.go.kr/portal/korea/index.action), 서비스업_시도/산업/종사자규모별 현황(2016년 기준)

2016년 기준 통계청의 자료에 따르면, 전국 부동산업 및 임대업의 사업체 수는 158,882개로, 종사자 수는 568,022명이며, 매출액은 124,138,655백만원인 것을 알 수 있다. 그 중 부동산 개발 및 공급업을 자세히 살펴보면, 사업체 수는 5,341개이며, 종사자 수는 39,636명이고, 매출액은 61,753,055백만원임을 확인할 수 있다. 이를 백분율로 환산해 보면 부동산 개발 및 공급업이 부동산업 및 임대업에서 차지하는 비율은 사업체 수 3.73%, 종사자 수 7.88%, 매출액 55.79%이다. 사업체 수 및 종사자 수가 전체 부동산업 및 임대업에서 두 번째로 적은 것을 고려할 때 전체 부동산업 및 임대업에서 부동산 개발 및 공급업이 차지하는 매출액의 비중이 매우 높다는 것을 확인할 수 있다.

　　사업체 및 종사자 수 대비 매출액이 많다는 것은 그만큼 사업의 규모가 크고, 사업 진행 시 큰 금액이 오고감을 예상할 수 있는 근거이다. 현금 흐름의 규모만으로 판단하여도 부동산개발업의 윤리가 얼마나 중요하게 강조되어야 하는지 가늠해 볼 수 있다. 관련 사업체 수는 2013년에 감소한 것 외엔 꾸준히 증가함을 알 수 있다. 2011~2013년에는 부동산 경기의 전반적인 침체로 인해 종사자 수 및 매출액이 줄어든 것을 확인할 수 있으며, 2014년부터 부동산 시장이 활성화되자 다시 증가하는 양상을 확인할 수 있다. 부동산개발업은

■ [표 1-5] 부동산개발업 및 공급업의 현황_연도별

연도	부동산 개발 및 공급업				
	사업체 수(개)	종사자 수(명)	매출액(백만원)	영업비용(백만원)	인건비(백만원)
2011	3,038	28,624	28,603,542	27,187,417	1,586,832
2012	3,333	27,978	24,892,749	23,752,628	1,231,961
2013	3,212	26,947	25,000,265	23,769,902	1,090,973
2014	3,731	29,511	28,507,367	26,107,258	1,379,234
2016	5,341	39,636	61,753,055	55,624,617	3,087,476

자료: 통계청(http://kostat.go.kr/portal/korea/index.action), 서비스업_시도/산업/종사자규모별 현황 (2006~2016), 2015년 자료는 통계청 자료 없음.

경기 민감도가 높은 업종으로 해석된다.

　「부동산개발업법」에서는 타인에게 공급할 목적으로 건축연면적 2천 제곱미터 또는 연간 5천 제곱미터 이상이거나 토지의 면적이 3천 제곱미터 또는 연간 1만 제곱미터 이상으로서 대통령령으로 정하는 규모 이상의 부동산개발을 업으로 영위하려는 자는 국토교통부장관에게 등록하도록 하고 있으며 각 등록업체는 개발전문인력 2명 이상이 상근하도록 하고 있다.

　반면 다음에 제시하는 부동산개발업 등록현황을 살펴보면 각 업체의 상근 전문인력은 대부분 법에서 정하는 최소한 2인이고 자본금 규모도 지역에 따라 큰 차이를 보이는 것을 알 수 있다. 즉, 「부동산개발업법」의 제정 취지 중 하나라고 할 수 있는 개발사업자의 전문성 향상과 대형화에는 큰 역할을 하지 못하고 있는데, 실무경험이 많은 전문가일수록 윤리적 인식이 크게 나타난 결과(김수현, 2010)를 고려할 때 제도적 개선 및 개발전문인력이 윤리의식을 포함, 실질적으로 업체에 도움이 될 수 있도록 인력양성 시스템의 보완이 필요할 것으로 생각된다.[4]

4　황종규·조주현, 「부동산개발업자의 개발윤리에 관한 고찰」, 부동산·도시연구 제9권 제1호, 2016, pp.29~30.

■■ [표 1-6] 부동산개발업 등록현황(2018년 08월 기준)

구분	등록 사업자 수(개)	평균 전문인력 수(명)	평균 자본금(원)
전체	2276	1.92	1,080,698,758
서울특별시	612	2.34	7,353,616,895
부산광역시	170	2.01	11,435,884
대구광역시	53	2.03	15,786,053
인천광역시	124	2.00	12,542,074
광주광역시	43	1.88	2,033,937
대전광역시	53	1.69	35,228,912
울산광역시	34	2.05	1,262,023
세종특별자치시	14	1.50	849,829
경기도	625	1.98	15,035,612
강원도	34	1.76	8,098,325
충청북도	71	1.98	1,951,075
충청남도	95	1.88	2,513,375
전라북도	61	1.78	10,192,914,881
전라남도	54	1.88	352,160,802
경상북도	65	1.96	1,870,464
경상남도	122	1.97	1,369,863
제주특별자치도	46	1.95	363,208,878

자료: 국가공간정보포털(http://www.nsdi.go.kr/lxportal/), 부동산개발업기본정보(2018.08.26.) 재구성.

04
부동산개발업의 특성

　부동산개발업은 다음과 같은 특성을 가진다. 부동산개발업이 가지는 광범위한 사업범위와 장기간의 사업기간, 다양한 사업 참여자들 간의 이해관계, 인간에게 필수적인 의식주의 하나를 개발하는 행위로서의 파급효과 등을 이야기할 수 있다. 다수 연구자들의 의견이 다양하게 존재하지만 이를 종합해보면 다음의 세 가지로 요약할 수 있다.

　첫째, 부동산개발업은 장기간의 사업기간과 대규모의 자금이 소요되어 리스크가 상당히 큰 사업이다. 대규모의 자금이 초기 토지매입 등에 투자되는 비중이 크기 때문에 사업초기부터 철저한 리스크 관리가 요구된다. 부동산개발업의 사업기간이 장기간이라는 것은 결국 사업 추진 중에 예상치 못한 문제가 발생할 수 있으며, 이러한 기간의 리스크는 사업기간을 연장시키게 되어 이에 따른 비용도 같이 증가하게 된다. 또한, 대규모의 자금이 필요한 만큼 금융권의 PF구조도 바람직한 방향으로 변화되어야 하며, 성공적인 부동산개발 사업을 위해서는 철저한 시장조사와 타당성 분석, 자금조달 능력을 확보하고 장기적인 전망을 통해 진행되어야 한다.

　둘째, 부동산개발업은 광범위한 사업범위를 가진 종합산업이다. 광범위한 사업범위는 결국 전문적인 인력을 요구하게 되며, 기획, 시공, 감리, 마케팅, 운영 등에 이르기까지 다양한 분야의 전문가가 필요하다. 또한 이러한 각 분야의 전문성은 시간이 갈수록 심화되어 관련법규는 물론 경제, 경영, 금융, 통계 등 부동산개발업자 및 세분화된 관련 업자들의 전문성을 더욱더 요구하게 된다.

■[표 1-7] 부동산개발업의 특징과 시사점

부동산개발업의 특징	시사점
• 초기 투자가 방대하고 투자비 회수에 장기간이 소요 • 주요 의사결정은 자금 조달능력에 따라 좌우	• 투자 및 자금조달에 대한 정확한 판단과 사업추진 중 계속적인 자금수지 예측을 통한 조정이 필요함 • 초기 투자비의 안정적인 회수방안 수립이 관건
• 사업구상, 건설, 운영까지 장기간이 소요 • 사업구상 단계에서 의사결정을 지연시키는 많은 변수가 존재 • 특히 건설단계에서는 공기는 투자비 증액에 결정적인 영향을 미침	• 전체적인 공기단축을 위해서는 적절한 사업추진 조직구성과 업무분장, 건설사업관리(CM)의 역할이 필수 • 개발사업에 대한 장기 마스터플랜뿐만 아니라 사업추진 기간 중의 사업 성격에 따라 분양/임대, 마케팅, 관리 운영계획 등을 동시에 고려
• 광범위한 전문분야의 인력이 필요 • 기획, 설계, 시공, 운영, 마케팅 등 각 업종별 전문가의 유기적인 협조체계가 필요	• 각 분야별 업무를 통합·조정할 수 있는 개발업자 또는 협업을 통한 전문 코디네이터의 역할이 중요하며, 이를 육성할 수 있는 시스템이 필요
• 환경변화의 추세 포착과 과감한 추진에 대한 전략이 필요	• 부동산 개발사업은 업종이 다양하므로 환경변수에 영향을 받음. 따라서 표적시장에 대한 면밀한 분석과 추세 변화를 정확히 포착해야 하며 설정된 개념 및 사업전략의 과감한 추진이 필요
• 부동산개발사업은 환경에 많은 영향을 받을 뿐만 아니라, 정치적, 경제적, 환경적 주변에 커다란 파급효과를 가져옴	• 전략적이고 전문적인 부동산개발사업의 지식과 경험은 물론 사회적 파급효과를 감안한 건전하고 윤리적인 부동산개발이 필요

자료: 김수현(2010), 발췌 및 재정리.

셋째, 부동산개발업은 부동산이 공공재로서의 기능을 가지고 있기에 사회적, 경제적, 정치적, 환경적, 문화적 여건 등 주변여건에 대한 파급효과가 매우 크다. 우선 사업성패에 따른 효과로서 부동산 개발이 성공적으로 완료된 경우 사업에 참여한 모든 이해관계자가 이익을 얻게 될 뿐만 아니라 주변지역의 자산가치도 상승하고, 부동산개발로써 만들어지는 부동산 및 그 개량물은 문화적으로도 가치를 창출하는 계기가 된다. 그러나 사업이 실패할 경우 해당부지에 대한 처리, 이해관계자들 간의 손실문제는 결국 최종소비자에게까지 피해를 발생시키며, 사회의 전반적인 문제를 불러일으키는 역할을 한다. 또한, 난개발이 되었을 경우 이에 대한 피해를 해결하기 위해서는 시간적, 경제적 피해가 2중, 3중으로 발생되기 때문에 전문적이고 신뢰성 있는 부동산개발사업의 추진과 더불어 부동산개발의 사업진행 전 과정에 매우 유의해야 한다.

이러한 부동산개발업의 특징과 시사점을 감안하면 부동산개발사업을 추진하는 주체의 전문성과 공신력이 무엇보다 중요하며, 부동산개발사업의 인력들은 전문가로서 전문가의 능력은 물론, 전문직업인으로서의 확고한 직업 윤리의식이 절실히 강조된다.

부동산 개발과정에는 다양한 산업활동이 유기적, 병렬적으로 연계되어 있다. 부동산개발업 참여자들 또한 제도적으로 갖추어야 할 기본요건이 존재한다. 부동산 개발을 수행하기 위해서는 등록과 함께 전문성 확보를 위해 사전교육을 이수해야 한다. 전문적 기술은 해당 분야에서 오랜 실무기간 동안 경험으로 개발되지만 전문성은 조직화된 지식체계를 바탕으로 형식적인 장기간 교육을 통해 이루어진다. 그리고 소비자 또는 타인에게 일정 규모 이상 건축물 공급을 목적으로 부동산을 개발하는 경우, 국토교통부 장관에게 등록과 동시에 전문 인력 2명 이상의 상근 인력을 채용해야 한다. 이러한 제도는 일반 직업과 달리 사업전반에 대한 이해나 분석, 개념 채택 등 의사결정을 동반하는 중요한 문제가 생길 경우 전문성이 부족하게 되면 의뢰인에게 심각한 불이익이 전가될 수 있기 때문이다.

부동산개발업의 실무적 특성을 정리하면 다음과 같다. 먼저 자율성이다. 상품 공급자인 부동산 개발회사와 상품 수혜자인 수요자의 관계에 '힘의 균형' 문제가 제기된다. 그 원인은 해당 분야에서만 가지고 있는 전문적 지식과 지식체계를 바탕으로 자율적으로 결정하는 고유한 업무이고 고객과 관계없이 서비스나 제품의 제공 방식을 자율적으로 결정하기 때문이다. 부동산 개발의 경우 상품을 공급할 때 고객의 동의를 구하지 않고 임의대로 결정하여 공급하는 자율권을 갖게 된다.

다음은 공식적인 조직이다. 정부에서 인정하는 공식적인 조직은 전문인들의 '표준 업무지침서'를 설정한다. 한국부동산개발협회는 「부동산개발업의 관리 및 육성에 관한 법률」에 의거하여 설립되며, 국토교통부로부터 2008년(제2008−253호) 부동산개발전문인력 사전교육기관으로 지정받은 후 부동산개발전문인력 사전교육을 실시하고 있다. 협회는 해당 전문직에 입문하는 것을 통제하는 역할과 전문직을 준비시키는 교육기관에 대한 인증기능을 수행하며, 협회 또는 조직은 회원에게 자격을 인정하거나 반대로 제명하는 권한을 행사한다.

다음은 업무과정에서 윤리강령의 준수이다. 부동산개발 전문가는 직무를 수행할 때 다음 그림과 같이 네 가지 유형의 강령을 준수하도록 요구된다. 개발하는 사업지가 입지한 지역사회 강령의 외곽을 개발회사의 직장 강령이 에워싸고, 직장 강령의 외곽은 개인 강령이 그리고 가장 외곽에는 부동산개발협회 등 전문가 강령이 원을 그리며 에워싸고 있다. 이처럼 부동산 개발에는 고차원적인 중첩적 윤리준수가 요구된다.

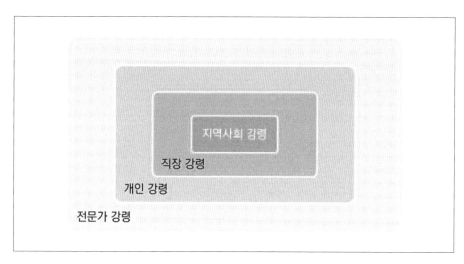

〈그림 1-1〉 부동산 윤리 강령의 범위

　다음은 사회적 기능이다. 삶의 질을 향상시키는 공공의 의무로서 사회에
기여하는 기능을 한다. 세부적으로는 공익의 균형을 이루는 개발을 통하여 도
시의 기능적 요소가 향상되고, 경제적 성장을 도모하고, 환경이 파괴되지 않는
건축 환경을 조성한다. 개발 전문 인력 중에는 변호사나 법무사와 같은 법조
인들도 포함되는데 사회정의구현을 위하여 설립된 법적 기관의 체제하에서 중
요한 기능을 수행하며, 전문 인력들이 수행하는 프로젝트가 결과적으로 사회
의 안전과 복지를 유지하고 '사회적 기능'을 보호하는 모습으로 나타난다.[5]

5　건국대학교 부동산·도시연구원 케빈정/알에이케이 투자윤리연구센터, 「부동산산업의
　　윤리」, 건국대학교출판부, 2016.

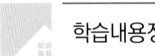

학습내용정리 Summary

01   부동산 개발은 사회적 후생을 포함한 개발자의 수익창출 목적과 연관된 것으로, 판매나 임대 또는 직접 사용할 수 있는 부동산을 생산하되 개발수익이 높은 방향으로 토지를 이용하는 활동이라 할 수 있다.

02   호경기였던 2000년대 초, 중반 시세차익 목적의 토지구매는 건전한 부동산개발사업자들의 토지 구매가격을 상승시켰고, 결과적으로 개발된 부동산의 최종소비자에게 전가되는 결과를 가져왔다.

03   최근 사업자의 윤리적 인식이 기업의 생존과 발전에 필수적인 요인으로 주목받고 있다.

04   부동산개발을 수행하기 위해서는 등록과 함께 전문성 확보를 위해 사전 교육을 이수해야 한다.

05   부동산개발업의 특성으로는 광범위한 사업범위와 장기간의 사업기간, 다양한 사업참여자들 간의 이해관계, 사회·경제·정치적 파급효과가 크다는 점 등이 있다.

예시문제 Exercise

01   부동산개발업이란 무엇인지 설명하시오.

02   부동산 개발사업 계획에 있어서 윤리적 인식이 확산되었는데, 사업체 유지와 관련하여 어떤 점이 중요해졌는지 전과 비교하여 설명하시오.

03   부동산개발업의 특성으로 무엇이 있는지 설명하시오.

PART

02

부동산개발업 관련
제도 및 법률 분석

01

부동산개발업 관련 제도 및 법률의 제정

부동산개발에 대한 법률제정과 관련 제도의 주요내용을 살펴보면 다음과 같다. 먼저 부동산개발법률의 기본방향과 의미를 담은 「부동산개발업의 관리 및 육성에 관한 법률」이 있다. 부동산개발업종을 육성하고 관리하여 국민의 재산권 보호에 이바지하는 것을 목적으로 제정되었다. 해당 법률은 부동산개발에 관한 기본적인 사항을 포함하여 부동산개발업종을 육성하고 관리하기 위하여 제정되었으며 주요 내용은 다음과 같다. 다른 법률에 특별한 규정이 있는 경우를 제외하고 부동산개발에 관한 기본적인 사항을 포함하여 개발업의 등록과 의무 등에 관한 필요한 사항을 규정한다.

■ [표 2-1] 부동산개발업의 관리 및 육성에 관한 법률의 기본방향

구분	기본내용
등록제 도입	영세하고 전문성이 없는 개발업자의 난립으로 인한 소비자 피해를 최소화하고 개발업의 체계적인 육성과 지속적인 관리를 위하여 도입
투명화 유도	전문적이고 종합적인 부동산개발회사로 발전시키기 위하여 개발의 종합적인 관리와 사업실직 징보의 제공을 통하여 건전한 경쟁과 시장의 투명화를 유도
소비자 보호	개발업자의 허위 개발정보와 유포행위, 과대광고 등을 금지하여 소비자 보호

부동산개발관련 법률은 새로운 구조로 정착되어가는 과정에서 나타난 문제점을 보완하고 체계적으로 관리하여 새로운 산업으로 육성하기 위하여 제정되었다. 특히 외환위기 이후 사업의 위험요소의 확대를 차단하고 전문성과 효율성을 제고하는 새로운 구조로 정착시키기 위하여 노력해야 한다. 개발사업 인허가, 분양 및 관리 등 사업목적과 개발단계에 대한 종합적이고 체계적인 규정이 부실하기 때문이다.

또한 부동산 개발영역이 새로운 업종으로 발전하기 위하여 개발업자가 법률상 책임과 의무를 수행하도록 제도화하기 때문이다. 외환위기 이후 부동산시장이 개방되고 투자방식에 따른 다양한 형태의 투자 상품이 출현하였다. 이익창출 극대화를 추구하기 위하여 수단과 방법을 가리지 않는 비윤리적 행위가 나타났다. 수요자의 니즈와 특성에 맞는 시장의 변화와 개발회사에 대한 전문성을 요구하는 인식이 확산되었다. 부동산개발관련 법률의 구성체계와 주요사항은 다음과 같다.

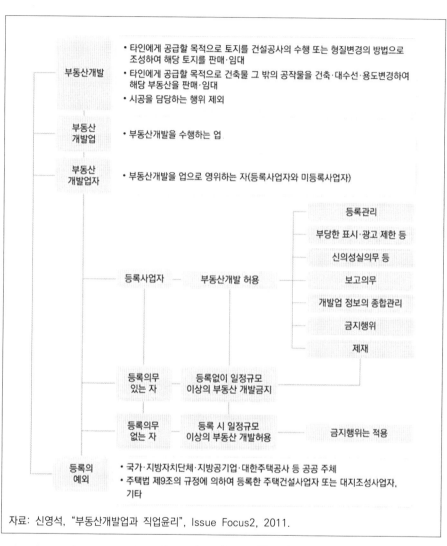

부동산개발
- 타인에게 공급할 목적으로 토지를 건설공사의 수행 또는 형질변경의 방법으로 조성하여 해당 토지를 판매·임대
- 타인에게 공급할 목적으로 건축물 그 밖의 공작물을 건축·대수선·용도변경하여 해당 부동산을 판매·임대
- 시공을 담당하는 행위 제외

부동산 개발업
- 부동산개발을 수행하는 업.

부동산 개발업자
- 부동산개발을 업으로 영위하는 자(등록사업자와 미등록사업자)

등록사업자 — 부동산개발 허용
- 등록관리
- 부당한 표시·광고 제한 등
- 신의성실의무 등
- 보고의무
- 개발업 정보의 종합관리
- 금지행위
- 제재

등록의무 있는 자 — 등록없이 일정규모 이상의 부동산 개발금지

등록의무 없는 자 — 등록 시 일정규모 이상의 부동산 개발허용 — 금지행위는 적용

등록의 예외
- 국가·지방자치단체·지방공기업·대한주택공사 등 공공 주체
- 주택법 제9조의 규정에 의하여 등록한 주택건설사업자 또는 대지조성사업자, 기타

자료: 신영석, "부동산개발업과 직업윤리", Issue Focus2, 2011.

〈그림 2-1〉 법률의 구성체계

02
부동산개발업 관련 제도 및 법률 분석

  부동산개발관련 제도는 다음과 같이 도식화 할 수 있다. 종전의 개념을 보다 명확하게 세분화하여 부동산개발 및 부동산개발업을 제도화하게 되었다. 사업·목적·개발 단계별로 규율되고 있는 개발행위에 대한 규정 중에서 개발에 필요한 공통 요소를 "부동산개발"로 정의하여 부동산개발업의 영역을 명확히 하였다. 부동산개발업과 건설업의 구분을 위하여 부동산개발의 정의에서 시공을 담당하는 행위를 제외하였다.

■■ [표 2-2] 부동산개발 및 부동산개발업의 제도화(법 제2조)

종전	현행
• 개발행위에 대한 사업목적·개발 단계별 규율만 있음 • 시행사(개발업자)로 활동하고 있으나 주택건설 사업자 외에 개발업에 대한 제도가 없음	 • 부동산개발업은 부동산개발을 수행하는 업으로 정의

다음으로 전문성이 부족한 개발업자의 난립으로 인한 소비자피해방지 및 부동산개발업의 체계적 관리·육성을 위해 등록제를 도입하였다. 등록하지 않고 부동산개발업을 하는 경우 3년 이하의 징역 또는 5천만원 이하의 벌금을 부과하고 있다.

■■ [표 2-3] 부동산개발업 등록제 도입(법 제4조)

종전		현행
• 부동산개발업 관리제도 없음	⇒	• 일정규모 이상의 부동산개발에 개발업 등록제 도입
※ 주택건설사업자등록제		※ 자본금 · 전문인력 · 시설(등록요건)

개발업자의 난립방지라는 등록제 취지를 고려 국가·지자체 등 공공사업주체, 주택건설사업자 등은 등록의 예외로 한다. 부동산개발업 등록대상과 등록요건은 다음과 같다.

■■ [표 2-4] 부동산개발업등록대상

건축물(연면적)	주상복합 (비주거용 연면적)	토지
2천m²(연간 5천m²) 이상	2천m²(연간 5천m²) 이상이고 비주거용 비율이 30% 이상인 경우에 한정	3천m²(연간 1만m²) 이상

■■ [표 2-5] 부동산개발업등록요건(법 제4조 제2항 및 영 제4조)

건축물(연면적)		주상복합(비주거용 연면적)
자본금	법인	자본금 5억원 이상
	개인	영업용 자산평가액 10억원 이상
부동산개발전문인력		상근 2명 이상
시설		사무실 전용면적 33m² 이상

　　다음은 부동산개발업 종사자의 전문성 확보와 관련하여 부동산개발 전문인력의 범위를 법률·금융·개발실무 등의 분야로 세분화하고 해당분야 경력 등을 갖춘 경력자로 한정하여 부동산개발업의 전문성 제고 및 소비자보호를 도모하고자 하였다.

　　부동산개발 전문 인력은 부동산개발업 등록 전에 자격을 갖춘 교육기관이 실시하는 부동산개발에 관한 교육과정을 이수하도록 의무화하였다. 교육기관은 대학 등 부동산개발 및 관련분야의 교육에 관한 전문성이 있는 공공기관 등 중에서 국토교통부장관이 고시하도록 하였다. 교육과정에는 부동산개발업의 운영에 관련된 사항, 법률·조세 및 회계 등 제도에 관련된 사항 등이 포함되도록 하였다. 교육시간은 60~80시간의 범위 내에서 국토교통부장관이 정한다.

■■ [표 2-6] 부동산개발 전문 인력과 사전교육제(법 제5조)

종전	현행
• 전문성과 자질이 부족한 인력의 개발사업 참여 • 부동산개발 전문교육기관 부족, 체계적 교육과정 미정립	• 변호사, 감정평가사 등 자격사, 건설기술자 등으로 전문인력의 범위 한정 • 교육기관, 교과과정 등에 관한 기준을 마련하여 전문인력 사전교육 실시

⇒

소비자가 개발업자의 표시·광고를 통해 등록사업자와 미등록사업자를 구별하고 필요한 정보를 제공받을 수 있도록 표시·광고 제도를 개선하였다. 개발업 등록을 하지 아니하고 등록사업자 또는 등록사업자로 오인될 우려가 있는 표시·광고 행위를 금지하였다(3년 이하 징역 또는 5천만원 이하 벌금). 등록사업자의 부동산개발에 관한 표시·광고시 소비자보호를 위하여 필요한 사항의 표시·광고를 의무화하였다(3천만원 이하 과태료).

[표 2-7] 부당한표시·광고의 제한 등(법 제8조)

종전	현행
• 개발업자의 거짓·과장광고, 개발사업에 대한 정보부족으로 소비자피해 발생우려 ⇒	• 미등록사업자는 등록사업자로 표시·광고 금지 • 등록사업자의 표시·광고 시 소비자 보호를 위하여 필요한 정보의 제공 의무화

소비자피해를 예방하기 위해 개발업자의 허위 개발정보 유포, 텔레마케팅을 통한 부동산구매행위 등을 금지하였다. 부동산개발업자나 부동산개발업자로부터 업무를 위탁(대행포함)받아 처리하는 자의 다음과 같은 행위를 금지하였다.

[표 2-8] 부동산개발업자 등의 금지행위

종전	현행
• 개발업자가 거짓 개발정보를 유포하거나 과장광고를 통해 소비자피해를 발생시키는 등 부동산거래질서를 교란하나, 개발업에 대한 제도가 없어서 단속이 어려움 ⇒	• 개발업자가 속임수를 써서 부동산 매수를 유인하는 행위, 부동산개발에 대한 허위정보유포 등을 금지

구분	금지행위 주요 내용
등록사업자	① 허위·과장된 사실을 알리거나 속임수를 써서 타인으로 하여금 부동산 등을 공급받도록 유인하는 행위(영업정지 및 형벌)
	② 부동산 등을 공급받도록 유인할 목적으로 부동산개발에 대한 거짓 정보를 불특정다수인에게 퍼뜨리는 행위(영업정지 및 형벌)
	③ 상대방의 반대의사에도 불구하고 전화·컴퓨터 통신 등을 통하여 부동산 등을 공급받을 것을 강요하는 행위(영업정지 및 과태료)
기타	①②의 규정에 위반하는 행위는 형벌, ③은 과태료

이어서 부동산개발업 종사자의 자격요건과 관련한 주요 내용을 살펴보면 다음과 같다. 먼저 부동산개발 전문 인력의 사전교육 관련 사항이다. 부동산개 발업종 등록을 위해서는 개발 전문 인력을 확보하고 교육기관에서 실시하는 교육과정 이수를 의무화해야 한다. 개발 전문 인력 범위를 법률·금융·세무· 개발 실무 등의 분야로 세분화하고 해당분야 경력 등을 갖춘 경력자로 한정하 여야 한다. 전문 인력이 사전교육을 받을 때 교육기관과 과정 그리고 사전교 육의 면제 대상 등은 대통령령으로 정하여 시행하여야 한다.

■¦ [표 2-10] 부동산개발업 관련 전문 인력 범위

구분	배경		구분	전문 인력 범위
1	전문성과 자질이 부족한 인력의 개발 사업 참여	⇒	1	변호사, 법무사, 공인회계사, 세무사, 감정평가사, 공인중개사, 건축사
			2	부동산 관련 분야의 학사학위 이상 소지자로서 부동산의 취득, 처분, 관리, 개발 또는 자문 관련 업무 종사자
2	부동산개발 전문 교육기관 부족 및 체계적 교육과정 없음		3	건설기술진흥법 제2조 제8호에 따른 건설기술자
			4	부동산개발에 필요한 전문성이 있다고 인정되는 자(대통령령으로 정한 자)

다음은 법률에서 규정하고 있는 지속가능한 부동산개발과 신의성실 의무 등이다. 윤리의 기본적인 틀인 '지속가능한 부동산개발'과 '신의성실의 의무'를 법률에 규정하고 있다. 특히, 법률만으로 통제하기 어려운 부동산개발사업자의 불법행위에 대하여 모니터링 시스템을 갖추어 시장 투명화를 유도하였다. 또한, 지역 및 도시발전을 위한 전략산업으로 육성하기 위하여 윤리의 기본이념을 법으로 규제하고 자율적으로 법률이 집행될 것을 기대하였다. 이를 통해 윤리적인 '신의성실의 원칙'을 법률에 규정하여 소비자 보호와 시장의 투명성 제고 등 사회적 문제가 조기에 정착될 것을 기대하고 있다. 주요내용을 요약하면 다음과 같다.

■ [표 2-11] 신의성실 의무 등

구 분	법률 내용
1	부동산개발업자와 부동산개발업자의 임직원은 환경 친화적이고 지속가능한 부동산개발과 소비자 보호를 위하여 노력해야 함
2	부동산개발업자 등은 신의성실의 원칙에 따라 부동산개발업을 수행해야 함

03
부동산개발업 관련
법률위반 사례 및 판례 분석

앞서 살펴본 부동산개발관련 제도 및 법률을 바탕으로 부동산개발과 관련하여 법률을 위반하여 처벌을 받거나 손해배상 등의 책임을 지게 된 사례들을 살펴보고자 한다. 이를 통해 관련 제도 및 법률을 위반하게 되는 사례와 이에 대한 법률적 처분에 대하여 분석해 본다.

먼저 부실공사로 인해 아파트벽에 0.3mm 균열이 발생한 것에 대한 손해배상 책임을 물은 판례를 분석해 본다. 먼저 사건의 개요는 다음과 같다. 대전 N 아파트입주자대표회의는 1994. 10. N 아파트 입주 후 아파트 벽에 균열이 발생하자, 2000년까지 여러 차례에 걸쳐서 하자 보수를 요청하였다. 그러나 외벽 균열 등의 하자가 남게 되자 2004. 10. 시공업자들을 상대로 26억 8천만원 상당의 손해배상청구를 하였다. 이에 피고 시공업체들은 0.3mm 이내의 균열은 법규상 허용되는 균열 폭이므로 하자에 해당하지 않는다고 주장하였다.

다음은 법원의 판단이다. 법원(대전지법 민사3부 재판장 황○○ 부장판사)은 2007. 4. 25. 피고 업체들은 원고에게 5억 7천 8백만원을 지급하라는 원고 일부 승소 판결을 내렸다. 재판부는 허용 폭 이내의 균열이라도 빗물의 침투 등으로 철근이 부식되고 균열이 확산되어 구조체의 내구력이 감소하는 등 건물의 기능상, 안전상 지장을 초래할 수 있고, 미관상으로도 좋지 않으므로, 이는 개정 주택법상 하자에 해당하는 것이 명백하다고 밝혔다.

이 판례에서 알 수 있듯이 아파트 입주자들이 종종 아파트 벽의 균열 등을 발견하는 경우가 있는데, 그 하자가 아무리 경미하다고 하더라도 아파트 시공사 등은 하자담보책임 및 손해배상책임을 져야 한다. 따라서 아파트의 시공에 잘못이 있다면 아파트 입주자대표회의 등은 적극적으로 시공사 등에게 담보책임 및 손해배상책임을 물어야 할 것이다.[1]

해당 판례를 부동산개발업 전문직의 윤리적 관점에서 살펴보면 시공회사의 비윤리적인 의사결정으로 해석된다. 윤리적으로 불편한 상황임에도 불구하고, 법률적으로 허용되는 한계치를 주장하며, 해당 상황을 모면하려는 행위를 한 것이다. 아파트 외벽의 결함에 대한 입주민의 집단 소송에 대해 시공회사는 법률적으로 문제되지 않는다는 의사를 표현했다. 이에 대하여 재판부는 허용기준에는 어긋나지 않지만 해당 결함은 추후 부동산 자체의 재산적 가치 및 기능적 가치를 저하시킬 우려가 존재하기에 주택법상 하자가 명백하다는 판결을 하였다. 시공회사의 손해배상(추가적인 비용발생)의 위험을 배제하려는 주장은 부동산 개발 전문직의 관점에서 비윤리적 행위를 통해 회사의 손해를 줄이고자 한 의사결정인 것이다. 건물의 결함을 해결하여 입주민들의 요구사항을 들어주는 것보다 먼저 해당 사항이 본인들의 의무가 아니라는 주장을 한 것은 회사의 이윤추구를 위한 의사결정 향방을 확인할 수 있게 한다. 기업의 목표가 이윤추구인 만큼 추가적인 비용발생, 손해배상 등 이윤추구에 위험이 되는 요소들은 모두 배제하려는 모습을 보여주고 있다.

다음은 부동산개발과 관련된 공기업의 유사한 상황이 언론에 의해 문제로 제기된 사례이다. 기사제목은 다음과 같다. "○○공사 ○○단지 내·외벽 균열 심각, 부실시공 의혹".

---

1 다정 법률상담소(법무법인 새서울)

지방에 본사를 둔 ○○공사의 부실시공 논란이 끊이지 않고 있는 가운데 ○○단지 건물 외벽 및 내벽에 균열이 발생해 주민들이 불안에 떨고 있다. 부실시공은 주로 공공임대주택에서 발생한 것으로 드러나 서민 아파트라는 말이 무색하다. 이 아파트에 난 균열은 가로 균열이 아닌 세로균열이어서 긴급점검이 필요한 상황으로 보인다. ○○동을 비롯해, 아파트 전 층 라인을 타고 균열이 발생해 보기에도 위험하게 느껴진다. 균열은 세로균열이 위험하다고 전문가들은 말한다.

자료: 베타뉴스, 정하균 기자, 2018.08.22.

〈그림 2-2〉 OO단지 건물 외벽에 발생한 균열 양상

　　건축분야의 한 전문가는 준공 된지 1년 지난 아파트에서 이 같은 균열이 발생한다는 것은 부실시공으로 보인다며 한두 군데가 아닌 아파트 벽 라인을 타고 크랙이 발생하는 것은 안전에도 문제가 있어 주의가 필요하다고 진단했다. 이어 만약, 한두 군데 금이 갔다면 부분적으로 시멘트 마감처리 등 미흡한 부분이 있다고 볼 수 있지만, 건물 전체가 같은 라인으로 금이 갔다면 전

체적인 부실시공으로 추정된다고 설명했다. 문제는 관리사무소에선 이미 내·외부 균열에 대해 확인해 시공사에 하자보수를 접수, 덧칠을 한 상태다. 하지만 관리사무소에선 감독부서에 이 같은 사실을 알리지 않은 것으로 취재결과 드러났다.

하지만 균열이 발생한지 수개월이 흘렀지만 ○○공사의 감독부서에선 상황을 전혀 파악하지 못하고 있었던 점도 의심스럽다. 지난 5월 베타뉴스가 단독보도[○○단지 세대 천장 부실시공 의혹(5월 18일), ○○단지 주차장 바닥 결로 현상, 주민들 불편(5월 17일)] 이후 담당자들이 현장을 방문한 것으로 확인됐다. ○○공사 관계자는 이와 관련하여 균열이 발생한 사실을 알지 못했다고 전했다. 관리사무소에서 이 같은 하자에 대해 본부에선 보고 받은 적 없다면서 금일 현장을 방문해 확인하겠다고 전했다.

이와 같은 부실시공 논란이 지속적으로 제기되자, ○○공사 사장은 정부 세종청사에서 이뤄진 기자회견에서 설계 단가 기준이나 제경비율 등을 현실화해 ○○공사의 품질을 확보하는 방안을 추진할 것이라고 밝혔다. 문제는 이 같은 기자회견 이후 3개월도 채 되지 않아 ○○공사가 시공한 한 아파트에서 물이 침수되는 등 최근 각종 부실시공 사례가 발생하고 있다.

서울파이낸스 보도에 따르면 ○○공사가 공급한 경기도 의정부 ○○아파트에서 상당수의 가구는 거실 및 화장실에 물이 발목까지 차오를 정도로 가득했고 어떤 한 곳은 화장실 변기에서 오물이 역류했고 이 때문에 벌레들까지 들끓은 것으로 알려졌다. 또한 ○○공사가 설계한 경기도 김포시 B임대 아파트에서도 같은 피해가 발생했다.

이상의 사례들과 같이 최근 언론을 통해 확인된 공공임대주택의 질적 수준에 대한 입주민들의 불만사항과 부실공사 의혹을 확인할 수 있었다. 공기업의 이윤추구가 결국 입주자들의 기본적인 주거환경을 보장해주지 못했다. 해당 공기업은 이윤추구라는 공기업의 목표달성을 위해 입주자들의 주거환경 확보라는 제품 공급자로서의 직업윤리를 확보하지 못한 것이다.

이처럼 공기업을 포함한 기업집단이 해당 집단의 이윤추구를 위해 공익이라는 미명하에 일부 비윤리적인 행위를 하게 되었으며, 그 결과 불특정 다수가 많은 재산상의 피해를 보게 될 수 있음을 확인하였다. 특히 부동산의 경우 대다수 국민들의 자산구조상 대부분을 차지하는 자산이기에 관련 직업군 및 주체들의 윤리의식이 얼마나 중요한지를 다시 한번 강조하게 된다.

다음에 소개하는 판례는 산림조합과 국가의 조직 이익 추구 관점에서의 윤리적 갈등을 타당하게 해결하지 못한 결과로 인해 문제가 된 사례이다. 국가는 관리감독의 책임을 다하지 않았고 산림조합은 임도개설 시 부실공사를 하게 되었다. 이로 인해 집중호우 시에 불특정 다수가 많은 재산상의 피해를 입게 되었다.

임도개설을 하면서 부실공사를 한 산림조합과 감독을 미비하게 한 국가에게 집중호우로 인한 피해배상을 명하면서, 산림조합이나 국가가 임도개설 공사로 인한 위험의 정도를 예측할 수 있었고, 과도한 노력이나 비용을 들이지 아니하고도 위험의 발생을 사전에 예방할 수 있었는데도 이를 하지 않았다는 이유로 자연력의 기여도를 인정하지 않고 손해의 전액 부담을 명한 사례이다.

원심판결 이유에 의하면 원심은 소송 중 제시한 증거들에 의하여 판시의 사실들을 인정하고, 이 사건 임도 개설공사는 수해, 산사태 등의 자연재해를 막아주던 자연림을 벌목하고 임야의 비탈면을 깎아서(절토) 그 흙으로 아래쪽 비탈면에 밀어내고 이를 다져(성토) 인위적으로 총 길이 9.81km, 노폭 4.9m의 도로를 만드는 공사로서 위 임도 공사 이후 자연재해 발생의 위험성이 증가하게 되므로, 피고 조합으로서는 위 임도 공사를 함에 있어서 지형과 지질에 맞게 설계된 설계도에 따라 토사의 유실과 호우 등 기상상태의 악화시 임도의 유실을 막고 성토면을 보호하기 위하여 비탈면에 목책, 옹벽 등의 안전시설을 설치하여야 하고, 베어낸 나무뿌리 등이 임도의 성토면에 묻히게 되면 부식하여 성토면의 지반이 연약하게 될 염려가 있으므로 이를 완전히 제거하고 성토한 후 성토면 다지기 작업을 철저히 하는 한편, 잔디를 파종하는 등의 방법으로 토사의 유실로 인한 산사태 등 재해의 방지조치를 위한 만반의 조치를 취하면서 그 설계도서와 시방서에 따라 공사를 시공하여야 했다.

그럼에도 불구하고, 이를 게을리한 채 앞서 본 바와 같이 지장목 등을 베어낸 나무뿌리와 나뭇가지 등을 철저히 제거하지 않은 채 그대로 성토를 하고 설계를 임의로 변경하는 등 위 유실된 임도의 성토면 보호를 위한 목책시설 등을 제대로 설치하지 아니한 잘못이 있다 할 것이고, 피고 대한민국은 피고 조합이 위 임도 개설공사를 함에 있어 설계도서와 시방서에 따라 성토면의 비탈에 목책, 옹벽 등의 유실을 막기 위한 안전시설을 설치하고 성토면 다지기 작업을 철저히 하며 벌목한 지장목을 제대로 반출하였는지 등을 감독할 의무가 있음에도 불구하고, 이를 게을리한 채 현장감독관은 일주일에 2~3일 정도 현장에 들러 형식적인 감독을 하였으며 준공검사관인 또한 사실과 다른 준공감독조서와 준공검사조서를 작성하였다.

뿐만 아니라, 위 임도의 준공 후에도 재해발생에 대비한 임도의 사전점검과 보수를 소홀히 한 잘못이 있어 이러한 잘못들 또한 이 사건 사고 발생의 원인이 되었다고 할 것이므로, 피고 조합은 위 임도 공사의 시공자이자 현장대리인의 사용자로서, 피고 대한민국은 국가배상법 제5조 제1항에 따라 영조물인 위 임도의 설치 및 관리상의 하자로 인하여 발생한 이 사건 사고로 말미암아 원고 및 위 망인들이 입은 손해를 각자 배상할 책임이 있다고 판단하고, 나아가 이 사건 사고가 피고 조합의 하자보수 보증기간 내에 발생하였고 위 임도 공사의 조사, 시공, 준공, 사후관리책임은 전적으로 피고 조합에 있으므로 피고 대한민국에게는 이 사건 사고로 인한 책임이 없다는 취지의 피고 대한민국의 주장에 대하여는, 피고들 사이에 위 임도 공사에 관하여 그와 같은 약정이 있다 하여도 피고들 사이의 내부적인 관계나 약정에 의하여 피고 대한민국의 원고 및 망인들에 대한 손해배상책임이 면제되는 것은 아니라는 이유로 위 주장을 배척하였는바, 이러한 원심의 사실인정과 판단을 기록과 대조하여 살펴보면 옳다고 여겨지고, 거기에 각 상고이유에서 주장하는 바와 같은 심리미진이나 채증법칙 위배로 인한 사실오인 또는 법리오해 등의 위법이 있다고 할 수 없다.

불법행위에 기한 손해배상 사건에 있어서 피해자가 입은 손해가 자연력과 가해자의 과실행위가 경합되어 발생된 경우 가해자의 배상범위는 손해의 공평한 부담이라는 견지에서 손해 발생에 대하여 자연력이 기여하였다고 인정되는 부분을 공제한 나머지 부분으로 제한하여야 함이 상당한 것이지만(대법원 1991. 7. 23. 선고 89다카1275 판결, 1993. 2. 23. 선고 92다52122 판결 등 참조), 다른 한편, 피해자가 입은 손해가 통상의 손해와는 달리 특수한 자연적 조건 아래 발생한 것이라 하더라도, 가해자가 그와 같은 자연적 조건이나 그에 따른 위험의 정도를 미리 예상할 수 있었고 또 과도한 노력이나 비용을 들이지 아니하고도 적절한 조치를 취하여 자연적 조건에 따른 위험의 발생을 사전에 예방할 수 있었다면, 그러한 사고방지 조치를 소홀히 하여 발생한 사고로 인한 손해배상의 범위를 정함에 있어서 자연력의 기여분을 인정하여 가해자의 배상범위를 제한할 것은 아니라고 할 것이다(대법원 1995. 2. 28. 선고 94다31334 판결 참조).

그런데 원심이 적법하게 확정한 사실관계에 의하면, 이 사건 임도 개설공사는 수해, 산사태 등의 자연재해를 막아주던 자연림을 벌목하고 임야의 비탈면을 깎아서(절토) 흙으로 아랫쪽 비탈면에 밀어내고 이를 다져 인위적으로 총길이 9.81km, 노폭 4.9m의 도로를 만드는 대규모의 공사로서 위 임도 공사 이후 자연재해 발생의 위험성이 당연히 증가하게 될 것이므로, 피고들로서는 이 사건 임도를 개설함에 있어서 원심이 지적하는 바와 같은 최소한의 방호조치를 취하였어야 함에도 불구하고 임의로 설계를 변경하고 최소한의 방호조치마저도 이를 취하지 아니함으로써 1년의 기간도 버티지 못한 채 이 사건 산사태를 야기하였음을 능히 알 수 있고, 매년 집중호우와 태풍이 동반되는 장마철을 겪고 있는 우리나라와 같은 기후 여건 하에서 이 사건과 같은 집중호우를 전혀 예측할 수 없는 천재지변이라고 볼 수 없는 것이다.

뿐만 아니라, 이 사건 산사태가 일어날 당시의 월평균 강우량이 그 직전 10년간의 월평균 강우량에 비하여 상당히 많고 또 이 사건 사고일과 그 전날부터의 강우량이 많은 편이었다고 하더라도, 피고들이 이 사건 임도의 개설과 관련하여 방호조치를 취함에 있어서는 마땅히 평균 강우량이 아닌 최대 강우량을 기준으로 삼아야 하는 것인데, 기록에 의하면, 1995년 7월의 월평균 강우량 330.5㎜는 예년에 비하여 그다지 많은 것이라고 볼 수 없고, 1995년 8월의 월평균 강우량 781㎜은 예년에 비하여 월등히 많은 것이기는 하나 이 사건 사고 시점인 1995. 8. 24. 06:10경까지의 누적 강우량만을 따져 보면 461.5㎜에 불과하였던 사실(기록 제551, 552쪽 참조), 원고가 이 사건 임야 부근에서 30년 이상 거주하면서 이 사건과 같은 산사태는 일어난 바가 전혀 없었던 사실 등을 알 수 있으며, 이 사건 사고 전날부터의 강수량만으로 계곡 주변의 사면이 붕괴하여 토석류가 당연히 발생하게 된다는 점을 인정할 만한 자료도 기록상 나타나 있지 아니하고, 또한 앞서 본 바와 같이 피고들이 최소한의 설계에 따른 방호조치를 취하지도 아니한 이 사건에 있어서 피고들이 과도한 노력이나 비용을 들이지 아니하고도 적절한 조치를 취할 수 있었음은 더 말할 나위도 없는 것이다.

사정이 이러하다면, 이 사건의 경우 손해배상의 범위를 정함에 있어서 자연력의 기여분을 인정하여 가해자의 배상범위를 제한할 것은 아니라고 할 것이다.[2]

이상에서 보는 바와 같이 장문의 판례를 소개하는 이유는 판결문에서 사용하고 있는 용어와 부동산개발 사업에 참여하고 있는 참여자들이 사업진행과정에서 해야 할 직접 또는 간접적인 업무의 범위와 윤리적인 책임감 등에 대하여 상세하게 제시하고 있기 때문이다. 이를 통해 부동산개발업에 입문하거나 숙련된 경력자로서의 위치를 가지는 전문직들의 경우 다시 한 번 직업윤리의 중요함에 대해 인식할 수 있는 기회가 되기를 바라는 바이다.

판례를 보면 부동산 개발 전문직으로 국가소속 현장감독관과 준공검사인의 비윤리적 행동으로 인하여 본인의 임무에 태만한 결과를 초래했다. 윤리적 갈등을 통하여 피해발생이 우려됨을 알거나 알 수 있었을 상황임에도 불구하고 책임을 다하지 않고 방치함으로써 사기업의 부동산개발업에 대한 부정적인

---

2 대법원 2001. 2. 23. 선고 99다61316 판결

시각도 문제가 되는 상황에 국가마저 부실공사와 국가조직의 이익(공익추구)을 게을리 하여 부동산개발업의 신뢰를 저하시키게 되는 것이다.

앞서 사익 추구의 관점의 윤리적 갈등은 과도한 이윤추구로 그 외의 것들을 방치하여 부동산의 부당이득, 부동산투기조장, 물리적인 결함, 재산적 가치 하락, 인명 피해 등의 결과를 보였다면 이번 조직 이익 추구 관점으로 확인한 윤리적 갈등의 사례는 조직 이익 측면에서 윤리적 갈등을 배제하거나 비윤리적인 의사결정을 한 경우 그 파급 효과를 보여주고 있는 것이다. 따라서 부동산개발업 전문직의 윤리적 갈등은 개인뿐만 아닌 사기업, 국가기관 등의 조직도 가이드라인을 지켜야 사적, 공적 측면 모두 합당한 부동산 개발의 모습을 보여주며, 그 전문직이 갖춰야 할 자세라고 판단할 수 있다.

상호 복합적인 관점의 부동산 개발 전문직의 윤리적 갈등은 사익 추구의 관점과 조직 이익관점, 그리고 공익추구의 관점 모두를 아우르는 관점이다. 공익사업을 위한 택지개발에 앞서 토지매입 단계에서 발생하는 보상 문제를 보면 토지소유자는 일명 '알박기'를 통하여 최대한의 보상금을 얻으려는 사익 추구의 관점으로 비윤리적인 결정을 내려 문제를 발생시키게 된다. 토지사용의 사실관계를 통한 보상금 측정에 있어서 해당 토지를 마치 목장용지로 사용하는 것처럼 외관을 형성하는 경우가 빈번하게 발생하고 있다.

다음은 언론에서 제기한 부동산개발과정에서의 비윤리적 행위에 대한 사례이다. 기사제목은 토지보상금을 노린 기상천외한 알박기 수법(MK부동산 김홍진, 2014.06)이다.

올해 전국적으로 경기도 하남시 감일지구, 경기도 과천 지식정보타운, 평창올림픽 철도부지인 강원도 원주~강릉철도건설사업 등 국내 140여 개 사업지구에서 약 15조원 규모의 토지 보상금이 풀릴 것으로 전망되고 이들 보상금이 주변 토지 매입에 사용되는 등 토지시장과 더불어 부동산 시장에 호재로 작용할 가능성이 매우 커지고 있다. 통상적으로 보면 토지보상을 받는 사람들이 대체재 마련을 위해 다른 토지를 사들이는 풍선효과가 발생해

가격 상승과 거래량이 증가하는 현상이 있을 것으로 보이고 특히, 절반 정도의 금액인 약 9조 2,700억 가량의 보상금이 수도권에 집중되어 있어 수도권에서 보상금으로 토지를 사는 수요가 늘어날 것으로 전망하고 있다.

그러나 이런 토지보상금을 노린 기상천외한 알박기 수법들이 해마다 발생하고 있기 때문에 많은 피해자를 양산하고 있는 것이 현실이다. 과거에도 토지보상금을 노리는 사기가 기승을 부렸고 심지어 목숨까지도 잃는 경우도 허다하였다. 토지보상금을 노린 알박기와 관련된 사례를 보면 그저 말문이 막힐 뿐이다. 이전에 통상적인 알박기 사건들의 대부분은 아파트 개발 정보를 통해 개발부지의 일부를 헐값에 매입해서 거액에 파는 일들이었다.

예를 들어 몇 해 전 울산에서 일어났던 알박기 사건은 아파트 개발 정보를 미리 알고 도로부지 약 250㎡를 7,000만원에 산 다음에 개발회사에 3.3㎡ 당 실제 매입가의 약 80배를 넘는 금액에 되팔았고, 어떤 이는 도로 부지 10㎡를 1,200만원에 산 다음에 개발회사에 3.3㎡당 실제 매입가보다 100배를 넘는 금액인 9억원에 팔아버린 일이었다. 이들은 아파트 개발 정보를 사전에 입수하여 개발부지의 중심부에 위치한 도로부지를 매입하면 개발회사가 살 수밖에 없는 현실을 악용하여 알박기를 한 것이었다. 과거에는 이처럼 대부분의 알박기가 토지의 일부분을 싸게 산 다음 비싸게 되파는 수법이었는데 그 수법이 날로 진화하여 이제는 기상천외한 알박기들이 나오고 있다.

토지보상금을 노리는 기가 막힌 알박기 사건 사례의 대표적 지역이 바로 최근 분양대박을 내고 있는 송파 문정지구와 하남시 미사·감일·감북지구이다. 먼저 송파 문정지구의 경우에는 벌통으로 알박기를 한 사건이다. 얼마 전 벌통 투기꾼이 4년 새 60배 증가하여 우리나라에서 양봉업자의 수가 최고로 급증한 지역이 바로 송파 문정지구이다. 송파 문정지구의 개발 소식이 퍼지면서부터 갑자기 벌통 알박기가 늘어나기 시작한 것이다. 23명에 불과했던 양봉업자가 1,404명으로 4년 동안 60배 이상 불어났다. 서울 강남 한복판에 갑자기 벌을 키우는 양봉업자 수천 명이 몰려들어 수백 개 비닐하우스 안에 수만

개의 벌통이 생겨났던 것이다. 사기꾼들이 양봉위원회 사무실을 차려놓고 개발지구 안에 벌통을 설치해 놓으면 큰돈을 벌 수 있다며 국민들에게 사기행각을 펼쳤던 것이다.

이렇게 벌통으로 알박기하는 이유는 보상금도 타고 더불어 상가분양을 싸게 받을 수 있기 때문이다. 보상규정 중에 벌통 20개를 운영하는 양봉업자를 생활대책 보상자로 분류하도록 하고 있고, 비닐하우스 같은 시설물에 대한 보상을 받는 것 외에도 송파 문정지구에 조성될 상업용지 16.5㎡(5평)를 감정가격으로 살 수 있는 권리를 받기 때문이다. 생활대책 보상자가 아니면 상업용지를 경쟁입찰로 분양 받아야 하기 때문에 전문 사기꾼들이 큰돈을 벌 수 있다며 송파 문정지구에 벌통 수천 개를 설치하고 벌통 20개당 4~8천만원을 받고 일반인들에게 팔아넘겨 약 150억 원 이상을 챙긴 것이다.

결국 검찰에 적발되어 사건은 일단락되었지만 사기꾼에게 속은 약 1,170명 정도의 일반인들은 생활대책 보상자로 지정되지 못하고 부적격 판정을 받아 보상도 제대로 받지 못하고 투자금액 모두를 잃고 말았다. 보상을 받으려면 보상 대상자로 선정되는 기준일인 지구지정 이전부터 벌통을 가지고 양봉사업을 하고 있다는 객관적인 자료가 있어야 하는데 그 자료가 없기 때문에 보상을 받을 수 없는 것이다. 일반인들은 이런 보상기준에 대한 구체적인 내용을 모르고 있었기 때문에 사기꾼들이 그 점을 노리고 사기행각을 벌인 것이다. 벌통 20통만 있으면 큰돈을 벌 수 있고 상가를 아주 싼 값에 분양을 받을 수 있으며 이 모든 일들을 자기들이 다 알아서 해준다는 말에 속아서 대부분 서민들이 쌈짓돈을 한 순간에 잃은 것이다. 일확천금을 노리고 신도시 예정지마다 수백~수천명이 벌떼처럼 몰려들었던 벌통알박기 사기꾼은 돈을 되돌려 달라는 피해자의 독촉에 시달리다 결국 스스로 목숨을 끊는 사건이었다.

다음은 하남시 미사·감일·감북지구의 세계 최초의 희한한 알박기 사건이다. 이곳에는 하루 평균 2건이 넘고 약 6개월 동안 500여 건의 알박기 행위가 적발된 곳이고 세계 최초 희한한 알박기가 나온 곳이다. 그 알박기는 바로 개 알박기, 닭 알박기, 오리 알박기이다. 대규모 개발사업지인 미사·감일·감북지구에 갑자기 하나도 없었던 개, 닭, 오리가 난리를 치고 있는 것이다. 적발된 불법 알박기인 개가 650여 마리, 닭이 920여 마리, 오리가 510여 마리가 서로 싸우고 있는 것이다. 개와 닭 그리고 오리가 서로 싸우는 장면은 이곳에 가면 볼 수 있다. 축산업(닭 200마리 이상, 개 20마리 이상 등)으로 인정되어 보상비를 받으려고 사기꾼들이 아무도 모르게 풀어놓은 것이다. 그러나 동물을 풀어놓는다고 보상하는 경우는 거의 없다는 사실을 모르고 개와 닭 그리고 오리로 알박기를 한 황당한 사건이었다. 아마도 전 세계적으로 개와 닭 그리고 오리 등 동물을 이용하여 알박기를 한 최초의 사례일 것이다.

이처럼 수도권 보금자리지구와 신도시 등 부동산개발 사업이 토지보상 문제와 보상을 받기 위한 사기로 몸살을 앓고 있다. 보상을 노린 불법투기와 각종 희한한 알박기와 사기행각이 잇따르는 사례가 빈번하게 발생하고 있기 때문이다. 불법투기와 알박기 그리고 사기 등으로 보상비가 증가하게 되면 혈세 낭비는 물론 조성원가가 상승하여 최종적으로 아파트 분양가가 치솟을 수밖에 없어 결국 국민들에게 손해가 오는 것이다. 연간 토지보상금은 매년 20조 원을 웃돈다. 토지보상 투기나 각종 알박기와 사기 등을 막지 못하면 수조 원에 달하는 혈세가 낭비되고 그 사기에 걸려 국민들이 재산을 모두 잃게 되는 등 고통에 시달리게 될 것이다.[3]

이처럼 부동산개발업 과정에서 발생하는 토지소유자들과의 갈등은 토지소유자들의 비윤리적인 행동으로 공익사업을 지체시키는 상황을 만들게 된다. 반면 토지소유자가 아닌 사업 시행자의 보상에 따른 사건도 발생한다. 민간의 토지를 사용함에 보상을 하지 않고 묵인하는 사건이 발생한 것이다.

다음의 사례는 언론을 통해 알려지게 되었다. 기사제목은 '포항시, 보경사 단지 도로 개인토지 보상금 20여 년간 지급 안 해, 영일군 지난 1993년 지주

---

3 MK부동산 전문가칼럼 - 김홍진, 토지보상금을 노린 기상천외한 알박기 수법, 2014.06.

동의 없이 도로 만든 후 포항시도 20여 년이 넘도록 보상 없이 사용만'이다.

      A씨는 영일군과 포항시가 20여 년이 넘도록 개인 땅을 보경사 관광객과 주민들의 도로로 만든 후 지금까지 토지보상금을 한 푼도 받지 못했다며 억울함을 호소했다. "영일군과 포항시가 20여 년이 넘도록 보경사 관광객과 주민들이 편리하게 도로와 인도로 사용하게 하면서 지금까지 토지보상금을 한 푼도 받지 못했습니다" 경북 포항시 북구 송라면 중산리에서 농사를 짓고 있는 A씨의 억울한 민원이다. 포항시로 통합되기 전인 지난 1993년 경북 영일군은 보경사군립공원 상가 개발계획에 따라 중산리 544-30번지 304㎡ 임씨 개인소유의 땅을 아무런 동의절차 없이 무단으로 도로를 만들었다는 것이다. 이어 시군 통합 이후에도 포항시는 20여 년간 도로로 사용하게 하면서 정작 지주에게 지급해야 할 보상금은 주지 않고 있다며 분통을 터뜨렸다.

      특히 A씨는 "그동안 토지보상금을 받기 위해 포항시청을 수없이 찾았으나 그때마다 담당 공무원은 토지보상신청서와 함께 측량하라는 말에 3번이나 신청을 했지만 보상은 아직까지 이뤄지지 않고 있다"고 목소리를 높였다. 더구나 "시 행정에서 자신의 땅을 도로로 개설하고 난 이후 보상이 되는 줄로만 알고 보낸 세월이 어느덧 강산이 2번이나 지났다"며 신속한 토지보상을 요구했다.[4]

      앞서 제시한 두 가지 사례를 종합하면 공익사업에 따른 토지수용 보상절차에서 발생하는 토지소유자와 사업시행자의 윤리적 갈등이 서로 교차하는 것을 확인할 수 있다. 입장 차이에서 발생하는 윤리적 갈등의 차이가 바로 상호 복합적인 관점에서 발생하는 윤리적 갈등으로 볼 수 있다. 공익사업 특성상 보상금 측정에 있어서 합리적이라고 말하기는 하나 사실상 시세에 미치지 못

---

4 일요신문 - 대구/경북, 포항시, 보경사 단지 도로 개인토지 보상금 20여 년간 지급 안 해, 임병섭·김재원 기자, 2017.02.

하는 보상금에 토지소유자들은 집단시위를 벌이는 등 사익 추구를 위한 행동을 보이고 있다. 사유재산의 강제 수용을 반대하는 모습이 비윤리적이라고 볼 순 없으나 공익을 추구하는 사업의 특성상 시행자 입장에선 공무라는 명분을 앞세워 개인의 윤리적 갈등을 묵살하는 합법적이지만 강제적이고 양면성 있는 윤리적 선택을 보여준다고 생각된다.

앞서 살펴본 다양한 사례들은 부동산개발과정에서 개발사업의 직·간접 참여자들이 대수롭지 않게 생각하고 행한 일들로 인해 발생한 문제점과 사회적 비용손실 등을 망라하고 있다. 윤리와 법률 사이의 애매한 문제에서부터 불법과 탈법, 경계가 모호한 교묘한 행위들이 이루어졌다. 이러한 행위의 최종 결과에 대한 경제적 책임의 귀착자는 일반 대중이다. 부동산개발윤리가 정착되고 사회 전반에 이러한 분위기가 전파된다면 향후에는 많은 부분 줄어들 수 있는 여지가 있는 일들이라고 생각된다. 사후에 사법적인 잣대로 단죄하기보다는 많은 사람들이 잠재적 범죄자가 되지 않도록 윤리적인 풍토를 조성하는데 많은 노력을 기울여야 할 것이다. 그것만이 장기적으로 부동산개발업을 사회적으로 비난받지 않게 할 수 있는 유일한 대안이 될 것이다.

04
부동산개발업 관련
비윤리적 행위의 유형화

　　현행 부동산개발업 관련 제도 및 법률하에 관련업 종사자의 비윤리적 행위를 유형화 하였다. 먼저 비윤리적 행위 당사자의 사익 추구 관점에서 하나의 유형을 설정할 수 있을 것이다. 이는 지극히 개인적인 주관과 판단에 따라 발생하는 유형으로서 교육 또는 업계 전체의 분위기 쇄신 등을 통해 점진적으로 개선되어야 하는 유형으로 생각된다. 부동산개발업에 대한 다양한 시각에 따라 전문직의 윤리적 갈등이 확인되고 있다. 사익 추구의 관점은 개발업을 통하여 이익을 보는 대상 전체를 그 범위에 포함하는 관점으로 확장될 수 있다. 시행사, 시공사, 금융기관, 민간, 그리고 국가 또한 사익 추구의 주체가 될 수 있는 것이기에 시장 참여자 모두의 각성과 변화가 필요하다는 생각이다.

　　다음은 비윤리적 행위 당사자가 속한 조직이익 추구 관점에 의한 유형을 설정할 수 있다. 조직이익 추구 관점에 있어서 부동산개발업 전문직은 그 윤리의식이 필수적으로 적용되어야 하며 윤리의식 배제에 따른 여파가 얼마나 큰 파장이 되는지 보여주는 판례를 통하여 확인한 바 있다. 사기업과 해당 기업의 종사자가 이윤을 추구하는 것을 비판할 수는 없지만, 지나치게 이윤만을 추구하여 결국 타인에게 그 피해를 전가시키는 것은 사회 전체에 해를 끼치는 비윤리적 행위가 될 것이다. 아파트 분양을 받은 입주자들이 실제로 생활하며 발견하는 공사 결함과 같은 부동산의 품질 저하문제를 공급자가 거주자에게 책임을 전가하는 행위 등은 법률위반과 윤리위반의 경계선상에서 항상 문제를 일으킬 수 있다. 나아가 부실공사를 예로 공사 기간연장은 추가적인 사업비용 발생으로 자금문제가 발생할 수 있기 때문에 무리하게 준공일을 맞추려하니 시간을 충분히 들여야 하는 공사 부분에서도 바람직하지 못한 비윤리적 방식으로 시공하여 무리하게 준공일을 맞추려는 행위가 결국 보수공사 혹은 건물 붕괴사건으로 이어지게 되는 것이다.

이상과 같이 개인과 조직을 모두 사익 추구의 관점으로 통합하여 살펴보면, 이러한 행위는 부동산개발업의 본질을 흐리는 불법적이며 비윤리적인 의사결정이 이루어질 가능성이 높다. 민간은 자신의 이윤 극대화를 추구하는 것이 당연하며 그 크기에 따라 윤리적 선택에서 옳은 선택이 아닌 자신을 위한 선택을 하는 것으로 부동산개발업의 질적 수준 저하와 개발업에 대한 신뢰도를 저하시키는 원인으로 비윤리적 선택의 책임을 타인에게 전가시키게 된다. 이는 부동산의 본질적 효용을 무시하고 이윤추구의 수단으로 투기수요를 조장시키는 악영향의 반복이 되는 것이다.

또한 용역과 공사자재납품 등의 하도급 업체의 품질과 해당사업에 적합한지 판단여부를 따지는 것보다는 자신과 친하다는 이유로 검증 없이 개발사업에 투입시키는 경우도 있다. 이는 순전히 이윤을 위해서 부적합한 개발행위가 이루어질 수 있는 근거를 제공한다. 부실공사로 인한 건축물 붕괴에 따른 피해를 생각하거나 부동산의 공익성을 생각한다면 전문직의 윤리를 지키며 윤리적 기준을 맞춘 개발을 진행했을 것이다. 알면서도 상관없는 듯이 그저 개인의 이익을 위해 다른 요소를 배제하는 것이 사익 추구 관점의 부동산개발업에서의 윤리적 갈등의 원천으로 작용하게 될 것이다.

다음은 공익추구의 관점으로 유형화될 수 있다. 비록 개인 또는 조직이 비윤리적 행위의 당사자가 될 수 있지만 이것은 사익 추구가 아닌 공익을 추구하는 과정에서 발생하는 불가피한 행위로 간주하는 것이다. 반면, 사익과 공익에 대한 가중치 배분을 당사자가 행하기에 이 또한 잘못 이해된다면 사익 추구의 관점과 유사한 문제점들을 야기할 수 있을 것이다. 공익추구의 관점에서 윤리적 갈등이란 공익을 추구함에 따라 발생하는 기회비용으로 인식될 수 있다. 공익을 추구함에 있어서 기회비용을 적용하는 것이 적합하지 않다고 생각할 수 있으나 해당 기회비용은 공익사업을 추구하는 주체의 의도에 맞게 공익사업을 시행하나 예상치 못한 문제발생에 따른 공익의 양면성을 말하는 것이다. 예를 들면 공공기관 또는 민간이 개발하는 공공임대주택에서 두드러지게 나타나는 주택의 품질저하 문제 등이 있다. 공공임대주택 입주자들은 건물 내·외부의 결함에 따른 주거환경 문제를 지속적으로 호소하고 있다. 결국 공익을 위함이라는 구실이 있지만 공익을 실현함에 있어 주택에 대한 질적 만족도를 고려하지 않는 공급 사업은 질적 수준을 포기해야 최대한의 공익이 더 많은 국민에게 적용될 거라고 판단함에 있어서 윤리적 갈등을 수반하게 된다. 그 윤리적 갈등의 결과로 공공임대주택은 질적 수준이 매우 떨어지는 주택이라는 인식이 생긴 것이 사실이다.

공공임대주택 거주자의 주거만족도에 관한 연구는 공공임대아파트에 거주자의 전체적인 주거만족 수준을 평균 2.70으로 보통 이하로 제시하고 있다.[5] 연구자는 공공임대주택 입주자들이 저렴한 가격에 입주함에도 불구하고 삶의 질적 수준의 만족도에서 평균 이하의 만족도를 느끼는 것을 확인하였다. 이것은 공공임대주택의 주거환경이 좋지 못하다는 것에 대한 입증임과 동시에 공공임대주택의 공익성을 추구함에 있어서 입주자들의 주택 만족도가 공익보다 중요시 되지 않아 그만큼 주택수준의 하락으로 이어졌다고 판단할 수 있다.

이상과 같이 부동산 개발과정에서의 비윤리적 의사결정은 다양한 형태로 유형화될 수 있다. 이는 제도와 법률만으로 규제하기 어려운 경계선에서 복합적인 요인들이 상호작용을 통해서 이루어지는 행위들이다. 개인과 조직의 사

---

5 배장오, 「임대아파트 거주자의 주거만족에 관한 연구」, 한국부동산학회, 2014.

익 추구, 공익 추구를 가장한 또 다른 형태의 사익 추구와 같은 유형의 비윤리적 행위들이 실질적으로 감소할 수 있는 업계 전반의 분위기 쇄신과 혁신이 절실하게 요구되는 바이다.

학습내용정리 Summary

01   부동산개발업종을 육성하고 관리하여 국민의 재산권 보호에 이바지하는 것을 목적으로 제정된 법률로는「부동산개발업의 관리 및 육성에 관한 법률」이 있다.

02   부동산개발관련 법률은 새로운 구조로 정착되어가는 과정에서 나타나는 문제점을 보완하고 체계적으로 관리하여 새로운 산업으로 육성하기 위하여 제정되었다.

03   부동산 개발 전문인력은 부동산개발업 등록 전에 자격을 갖춘 교육기관이 실시하는 부동산개발 및 관련분야의 교육과정을 이수하여야 한다.

04   부동산 개발과정에서 윤리와 법률을 넘나드는 불법과 탈법이 이루어지고 있으며, 이로 인해 사회적 비용이 증가하고 있다. 문제는 이에 대한 경제적 책임은 일반 대중들에게 귀속된다는 점이다. 따라서 부동산개발업이 사회적으로 비난받지 않도록 하기 위해서는 부동산개발윤리를 정착시켜야 한다.

예시문제 Exercise

01   부동산개발업의 관리 및 육성에 관한 법률의 기본방향에 대해 설명하시오.

02   부동산개발업 등록제를 도입한 이유는 무엇인가.

부동산개발업
전문직 윤리

01

윤리와 도덕적 판단

    윤리란 '인간으로서 마땅히 해야 할 도리 내지 규범'을 말하는 것으로, 보다 가치개념에 가까운 도덕에 비하여 현실과 관련된 문화개념이라 할 수 있다. 따라서 사회과학에 있어 도덕적 기준보다는 윤리적 기준이 보다 광범위하게 적용되어 왔고 부동산학과 관련 산업에 있어서도 각 분야별로 윤리적 문제에 대한 연구가 축적되고 있다.

    일반인들이 흔히 접하게 되는 부동산중개와 관련한 윤리는 지속적으로 연구되어 왔으며 국가 또는 개인의 자산 가치와 직결되는 부동산 평가에 있어서도 평가사들의 직업윤리에 대하여 윤리강령 등을 통하여 세부적인 지침을 만들고 있다. 하지만 부동산개발 분야에 있어서는 개발의 대규모화와 비가역성으로 인하여 개발의 영향이 미치는 범위가 불특정 다수를 포함하고 또 그 영향이 직접적일 수밖에 없는 점을 고려할 때 개발윤리에 대한 연구가 필요함에도 불구하고 아직까지는 미흡한 실정이다. 이는 부동산 개발전문직의 도제식 관행과 무관치 않으며, 본인의 경험이 곧 업계에서의 위상을 나타낼 수 있기에 이에 대한 공개적 자료 축적 및 제시가 어려운 업계의 관행에 기인한 결과이기도 하다.

    부동산 개발윤리의 필요성과 관련하여 개발과 관련한 비윤리적인 문제를 빈틈없는 법률로 규제할 수도 있겠으나, 법령 및 판례에 의존할 경우 법에서 정하고 있는 것만 준수하면 된다는 발상에 따라 규제의 틈새를 노린 부적절한 행위가 빈번히 발생하는 부작용이 발생할 수 있다(민성훈, 2016). 또한 세상은 모두 빈틈없이 법으로 짜여져 있을 수 없으며 '법으로부터 자유로운 공간 (Rechtsfreier Raum)'이 있는데 '입법자가 금하지 않기 때문에 합법적'이라고 할 수 없다[1]는 점에서 부동산 개발 윤리에 대한 필요성을 확인하게 된다.

하지만 개발윤리에 대한 연구를 통한 직업윤리 함양방법이 곧바로 개발 현장에서의 윤리적 판단 적용과 연결된다고 생각하기는 어렵다. 일례로, 직업 윤리와 관련한 연구에서 주로 논의되는 윤리교육의 경우, 사업자가 윤리적 교육을 받지 못하여 비윤리적인 것은 아닐 것이며 더욱이 수익창출이 목적인 기업에게 있어 일회성 윤리교육에 의한 윤리의식이 업무에 연구의 필요성이 대두되는 것은, 비윤리적인 활동이 수익과 직접적으로 연결될 개연성이 큰 부동산 부문에서 부동산거래와 평가, 개발 등의 실무에서 비윤리적인 사고와 사건들이 지속적이고 반복적으로 일어나고 있기 때문이다. 특히 우리나라의 경우 국가적으로나 개인적으로 자산에서의 부동산 비중이 크기 때문에 사회적 영향력은 클 수밖에 없다.[2]

다음으로 윤리와 관련 있는 도덕적 판단에 대하여 Kohlberg는 Piaget의 인지주의로부터 영향을 받아 도덕적 판단에 대한 발달 이론 중 인지적 요소를 강조하는 이론을 제시했다. Piaget는 인지구조가 발달하면서 논리적 추론능력이 발달하고 도덕적 판단능력도 발전한다고 말한다.[3] 이러한 Piaget의 인지주의적 관점을 기초로 하는 구조주의 도덕이론가로 kohlberg는 도덕성의 발달을 3수준 6단계로 정의하며 위계적으로 구성되어 순서대로 발달한다고 전제한다.[4]

Piaget의 영향을 받은 Kohlberg(1958)는 도덕성이란 행동이 아니며 판단의 유형이나 근거로 도덕적 갈등사태 해결을 위한 추론능력이라고 주장한다. Kohlberg가 주장한 3수준 6단계의 도덕 발달은 도덕 판단력이 발달할수록 가

---

1 최종고, 「법과 윤리」, 1992.

2 황종규·조주현, 「부동산개발업자의 개발윤리에 관한 고찰」, 부동산·도시연구, 제9권 제1호, 2016, p.24.

3 J. Piaget, 「Bioligt and knowledge」, The University of Chicago Press, 1971.

4 김민남, 「도덕발달의 철학」, 교육과학사, 1985.

치판단의 기준이 외적인 것에서 내적인 것으로 변화한다. 그는 연구를 통하여 도덕적 사고의 발달은 보편적인 과정으로서 전 문화권에서 비슷한 단계를 거친다고 하였다. 3수준은 인습이전 수준과 인습수준, 인습이후 수준으로 나눌 수 있으며 인습이전 수준은 타율적 도덕성 단계(Heteronomous Morality)와 개인주의 및 도구주의적 도덕성 단계(Individualism)로 나뉜다. 인습수준은 대인관계의 규범적 도덕성 단계(Mutual Interpersonal Expectations)와 사회 체제의 도덕성 단계(Social Systems Morality)로 구성되며, 인습이후 수준은 인권과 사회복지의 도덕성 단계(Individual Rights and Social Contract)와 보편화 가능하고 가역적 · 규범적 · 일반적인 윤리적 원리의 도덕성 단계(Universal Ethical Principles)로 구성된다.

3수준		6단계
인습이전 수준 (preconventional level)	• 문화적 규칙과 옳고 그름 등의 수준에 따라 판단하고 행동하는 단계 • 즉 행동의 결과로 주어지는 것이 상인지 벌인지에 따라 결정	타율적 도덕성 단계 (Heteronomous Morality)
		개인주의 및 도구주의적 도덕성 단계 (Individualism)
인습수준 (conventional level)	• 전단계의 개인적 관점에서의 도덕성 평가기준이 집단 혹은 사회의 관습과 질서, 집단의 기대 등으로 바뀌게 됨 • 즉 개인적 보상보다는 타인의 인정이 더 중시됨	대인관계의 규범적 도덕성 단계 (Mutual Interpersonal Expectations)
		사회 체제의 도덕성 단계 (Social Systems Morality)
인습이후 수준 (postconventional level)	• Kohlberg의 도덕 발달 단계에서 가장 높은 수준 • 도덕성이 완전히 내면화된 시기로서 자율적이고 원리에 입각한 도덕적 판단을 하며 외부 기준이 필요치 않음 • 타인이 자신과 다른 도덕적 기준을 가질 수 있으며 관점에 따라 그 다름이 모두 옳을 수 있다는 것도 인정하는 단계	인권과 사회복지의 도덕성 단계 (Individual Rights and Social Contract)
		보편화 가능하고 가역적·규범적·일반적인 윤리적 원리의 도덕성 단계 (Universal Ethical Principles)

자료: 정승화 · 신은정, "MCT를 이용한 공인중개사의 도덕적 판단력에 관한 연구", 부동산 · 도시연구, 제10권 제2호, 2018, p.11.

신은정 외(2017)는 Schwartx 외(1969)의 연구인 도덕적 행동을 타인을 돕는 행동과 비도덕적 행위를 선택하지 않는 행동으로 나누어 도덕적 판단력과의 상관관계를 조사한 결과를 인용하여 실험대상자 중 높은 도덕적 판단을 하는 경우는 18%가 부정행위에 가담한 반면, 낮은 도덕적 판단을 하는 경우 53%가 부정행위를 한 것으로 나타났으며 도덕적 판단력과 부패행위 간의 상관성은 p－value 0.05의 범위에서 통계적으로 유의성이 있음을 제시하였다.

정승화·신은정(2018)은 MCT를 이용하여 공인중개사의 도덕적 판단력에 관한 연구를 하였다. 그 결과 연령이 높을수록 도덕적 판단력이 낮아지는 것으로 분석되었고, 실제 소득보다 낮은 수준으로 신고하여 간이과세자가 되는 간이과세자일수록 도덕적 판단력이 낮아지는 것을 확인하였다. 그러나 공인중개사의 윤리적 판단은 전문자격사와 전문직업인, 사회구성원으로서 중요한 요소임에도 불구하고 이를 평가하는 척도는 매우 부족한 실정이며 제고 방안에 대한 연구도 미흡한 실정임을 밝히며 공인중개사의 윤리의식 제고 방안을 강조하였다. 전술한 선행연구들은 도덕적 판단의 중요성에 대해 시사하고 있다. 이는 공인중개사업뿐만 아니라 부동산개발업에 종사하는 부동산개발 전문가들에게도 공통적으로 적용되어야 할 부분이라고 생각한다.

02
직업윤리와 윤리경영

　　부동산개발업자의 직업윤리란 부동산개발업자들이 부동산개발업을 수행함에 있어 공공성과 공익성을 우선하여 지켜야 할 덕목으로 정의할 수 있다. 직업윤리란 관련 법규를 넘어서 전문직으로서의 권위와 사회적 책임을 다하는 조직적 의미와 개인적으로도 존경과 신뢰를 받을 수 있는 인격과 성품을 지녀야 하는 것을 의미한다. 부동산개발업자들은 직업윤리 의식을 확고히 하기 위해 부동산 전문직으로서 갖추어야 할 다음과 같은 일반적인 자세와 태도를 가져야 한다.

　　첫째, 전문직업인으로서의 긍지를 갖고 국가와 사회에 봉사하는 정신을 드높이는 자세가 필요하다. 부동산은 인간에게 필수적인 의식주의 하나로서, 인간의 삶의 질을 향상시키고 국가와 사회의 발전은 물론, 소외된 계층에게는 봉사의 정신으로 부동산개발업에 임해야 할 것이다.

　　둘째, 전문직업인으로서 양심과 양식을 소중하게 다루는 자세를 견지하면서 의사결정의 근본적 기준을 사회정의에 두어야 한다.

　　셋째, 전문직업인이 직업적 권위를 가지고 사회로부터 존경받는 이유는 바로 전문직업인이 일반인에게 없는 전문가적 지식과 능력을 가지고 있기 때문이다.

　　넷째, 전문직업인으로서 예의범절 및 인간관계를 중시해야 한다. 부동산업의 활동은 대인활동이라는 점에서 예의범절과 인간관계가 매우 중요하다.

다섯째, 업무활동에서 특히 유의해야 할 사항을 중요시 하는 자세이다. 부동산개발업의 활동은 사회적으로 많은 영향을 미치기 때문에, 모든 업무활동 과정에서 유의해야 할 사항들을 중요시 하며 업무를 진행해야 한다.

여섯째, 의뢰인에 대한 서비스를 중시해야 한다. 부동산은 고가의 큰 자산으로 의뢰인에게 경제적으로 미치는 영향이 크다. 따라서 의뢰인이 의뢰한 일을 소중히 다루되, 고객과 부동산개발업자의 이익이 상호 충돌되는 경우, 부동산개발업자는 고객의 입장에서 고객의 이익을 우선시해야 한다.

마지막으로, 동업자의 이익 및 사회이익의 증진을 위해 노력하는 자세가 요구된다. 전문직 종사자는 동업자 단체를 가지고 동업자의 이익을 보호하고, 신의를 존중하고, 동업자 단체의 역할에 성실히 협조해야 하며, 사회적 인식을 높이기 위한 부단한 노력을 해야 한다.[5]

■■ [표 3-2] 부동산개발자의 바람직한 직업의식

구분	내용
봉사의식	부동산 개발에 참여하여 성실하게 근무하는 것이 회사에 대한 봉사라면, 개발된 부동산 상품을 소비자가 안전하고 만족스럽게 사용할 수 있도록 하는 것은 사회에 대한 봉사
장인정신	자신의 업무에 긍지와 열정을 가지고, 정성을 쏟으면서 끊임없는 소비자에 대한 서비스 정신으로 직무를 수행
평등의식	부동산개발업에 종사하는 개발업자들이 서로의 직업을 귀하게 여기고 서로 존중하는 태도

자료: 윤정득(2009), "부동산개발업과 직업윤리", 한국부동산개발협회, 부동산개발 전문인력 사전교육교재 1편.

---

5 김수현, 「부동산개발업자의 직업 윤리의식 조사·분석과 정책적 함의」, 서울시립대학교 도시과학대학원, 석사학위 논문, 2010, p.34.

김수현(2010)은 연구에서 부동산개발업 직업윤리 수준과 단계를 제시하고 있다. 제1단계는 부도덕 단계(개발비윤리 단계)이다. 이 단계는 기업의 소유주와 경영자를 이해당사자로 보고 이익의 극대화를 행동의 주목적으로 한다. 만약 비윤리적인 행위를 하다가 드러나면 처벌을 받으며, 이익을 내기 위한 대가로 생각하고 그래도 이익이 크면 그런 비용은 감수한다. 이 단계에서는 비윤리적이지만, 윤리적 문제에 대해서는 고려하지 않는다.

　　제2단계는 준법 단계(개발준법 단계)이다. 이 단계는 기업이 윤리적 행위를 하려고 노력은 하지 않아도, 적어도 법규는 준수하려고 한다. 따라서 이 단계의 기업은 기업의 윤리적 의무는 법규를 어기지 않으면 된다고 보고 그 이상의 노력은 하지 않는다. 법규만 지키면 윤리적이라고 인식하는 단계이다.

　　제3단계는 대응 단계(개발윤리 인식 단계)이다. 이 단계부터 윤리적 문제를 생각하기 시작한다. 기업의 사회적 책임을 인식하기 시작하고, 회사의 공장 사업장이 있는 지역주민들의 이해문제를 고려하고 산업공해 발생문제를 고려하는 등 대외적 이미지를 고려하게 된다. 그러나 기업은 이익의 극대화를 먼저 염두해 두고, 그것을 위해 윤리적인 경영에 임한다.

　　제4단계는 윤리 태동 단계(개발윤리관 부상 단계)이다. 이 단계는 기업윤리와 기업이익의 균형을 찾으려고 노력한다. 따라서 기업의 목적, 기업의 경영이념 등을 규정할 때에 윤리를 반영시킨다. 때로는 이익을 포기하더라도 기업윤리행위를 오히려 중시여기지만, 아직은 기업의 이익이 윤리를 앞서 간다.

　　제5단계는 윤리적 선진 단계(개발윤리 정상 단계)이다. 이 단계는 윤리적으로 가장 높은 단계인데, 명확한 윤리관과 윤리원칙을 천명하여 모든 기업구성원이 그 원칙에 따라서 윤리와 관련된 기업문제를 개선하고, 해결하도록 요구하고 있다. 이 단계에서는 기업의 이익보다 윤리적 영역과 윤리의식이 가장 우선시 되며, 사회정의 실현을 위해 기업이 존재한다고 믿는다.

　　부동산개발업은 부동산 산업의 모든 분야를 포괄하고 있는 전문적인 업종으로 높은 수준의 직업윤리가 요구되는 것은 자명한 사실이다. 따라서 관련

5단계	**개발윤리 정상 단계** **: 개발업자윤리와 윤리경영의 최고단계**
	– 부동산개발업의 경영이익보다 윤리우선 – 부동산의 올바른 가치관 윤리원칙 실현 – 사회정의의 실현을 위해 기업이 존재
4단계	**개발윤리관 부상 단계** **: 부동산윤리와 부동산개발업 경영성과의 균형단계**
	– 부동산개발업 경영이념에 윤리관 반영 – 부동산개발업자의 윤리문제에 대한 자율적 규제 강화 공정한 부동산 가격을 설정하고, 소비자 만족을 극대화시키며, 개발업자와 소비자와의 관계개선을 위한 지속적인 노력 표출
3단계	**개발윤리 의식 단계** **: 부동산개발과 관련하여 윤리문제를 인식하는 단계**
	– 개발업의 이윤극대화와 개발상품의 개선 등 윤리성 인식 – 부동산개발업의 사회성 및 공공성 고려 – 부동산개발업 종사자의 고용안전 고려
2단계	**개발윤리 준법 단계** **: 개발관련 법규의 준수가 곧 윤리경영이라고 인식하는 단계**
	– 합법적 테두리 내에서라면 모든 개발행위는 윤리적이라고 인식하는 단계 – 개발관련 법규만 준수하고 부동산윤리는 전혀 고려하지 않는 단계
1단계	**개발비윤리 단계** **: 개발업과관련하여 윤리적 문제를 전혀 고려하지 않는 단계**
	– 부동산개발업자와 투자자만을 이해관계자로 해석 – 법규위반 및 반사회적 부도덕적 행위를 하더라도 비용을 절감하고 개발이익만 극대화하면 된다는 인식

자료: 김수현(2010), 발췌 및 재구성

〈그림 3-1〉 부동산개발업의 윤리 발달 5단계

법규로 부동산개발업의 윤리를 한정하거나 단정해서는 안 되며, 국가와 사회, 일반인이 요구하는 수준의 직업 윤리의식을 갖추어야 한다. 그러나 현재, 해당 법률의 시행 초기로 아직은 직업 윤리의식 수준이 전반적으로 낮은 수준으로 판단되며, 제도의 정비 및 동업자 단체의 활성화를 통해 보다 높은 윤리적 수준을 갖추어야 하겠다.[6]

직업윤리와 더불어 전사적인 윤리경영 또한 중요한 주제이다. 윤리경영에 대한 정의와 함께 윤리경영의 유사개념인 사회적 책임(CSR: Corporate Social Responsibility), 지속가능경영에 대한 개념에 대해 살펴보기로 하자. 첫째, 미국 Georgia 대학 Carrol 교수에 따르면 윤리적 책임이란 법적 강제성을 띠는 것은 아니지만 사회가 기대하고 요구하는 바를 충족시키는 것이며 기업은 기업을 둘러싼 모든 이해관계자의 기대, 기준 및 가치에 부합하는 행동을 할 책임이 있음으로 정의하고 있다.

둘째, 윤리경영은 직원들의 윤리적 의사결정의 기준이라는 개념에서 발전하였으며 기업의 사회적 책임은 기업이 갖는 사회적 측면에서 지속경영은 지구환경보전을 위한 발전(Sustainable Development)이라는 개념에서 출발한 것으로 규정하고 있다. 셋째, 윤리경영이란 지속가능한 기업으로 성장하는 것을 목표로 하는 경영전략으로 기업을 둘러싼 다양한 이해관계자와 좋은 관계 형성과 유지를 통해 경쟁력이 있는 기업이 되기 위하여 기업의 경제적·사회적·환경적 책임을 이행함으로써 경쟁우위를 창출하는 경영전략으로 정의하고 있다.

「부동산개발업법」 제16조에서 규정하고 있는 윤리경영은 셋째에 해당하는 것으로 모든 부동산개발업자와 임직원은 기업의 "경제적·사회적·환경적 책임"을 다할 것을 규정하고 있다.

기업의 사회적 책임에 대한 인식이 태동되기 시작한 1950년대를 기점으로 기업의 사회성이 강조되면서 기업 경영에서 윤리적 측면이 강조되어 왔으

---

6 김수현, 「부동산개발업자의 직업 윤리의식 조사·분석과 정책적 함의」, 서울시립대학교 도시과학대학원, 석사학위 논문, 2010, p.35.

며 이와 더불어 윤리경영이란 경영활동에 있어 윤리적 가치를 가장 우선시 하며, 기업 활동의 기준을 윤리규정에 맞추어 공정하고 합리적으로 투명하게 수행하는 것을 말한다. 윤리경영은 윤리적 수단을 이용하여 기업의 성장을 꾀하고 경영목적을 달성하는 것을 의미하며, 장기적인 성장을 위하여 이해관계자와의 신뢰관계를 유지하는 경영활동이다. 이러한 윤리경영은 21세기 글로벌 경쟁체제하에서 국제적 경쟁우위를 유지하기 위하여 그 중요성이 점점 증가하고 있다.

　기업은 경제적 가치를 창출함으로써 기업을 둘러싼 이해관계자 집단과 사회 전반의 생활의 질을 향상시켜주는 조직체이며, 기업윤리(Business Ethics)란 기업의 경영활동에서 나타나는 행동이나 태도의 옳고 그름이나 선과 악을 체계적으로 구분하는 판단 기준 또는 이것을 연구하는 것을 의미한다. 기업의 윤리적 책임이란 법적인 강제의 유무와 무관하게 사회가 기대하는 바를 충족시키기 위하여 기업 활동과 관계된 모든 이해관계자를 배려하고 고려하여 행동해야 한다는 것이다. 즉 윤리경영이란 경영효율을 높이기 위한 방안도, 부정부패 추방을 위한 사회적 활동도 아니다. 윤리경영이란 기업의 고유목적인 이윤추구를 수행함에 있어서 고객부터 사회 전체까지 기업 활동의 모든 이해관계자들이 공존할 수 있도록 원칙에 충실히 경영하는 것이며, 이를 통하여 지속적인 성장과 사회공헌을 하는 것이라고 할 수 있다.

　개인에게 윤리수준의 발달단계가 있는 것처럼 기업에도 윤리수준의 발달이 단계를 이룬다. Reidenbach와 Robin(1991)은 기업이 윤리적 고려와 이윤추구를 어떠한 비중으로 추구하는지에 대한 것을 기준으로 기업윤리 수준을 5단계로 나누었다. 윤리경영은 전술한 바와 같이 이윤추구라는 기업의 고유목적을 추구함에 있어 이를 원활하게 할 뿐 아니라 기업의 모든 이해관계자를 고려함으로써 기업의 지속적인 성장과 발전을 도모하는 것이다.

　윤리경영의 중요성에 관한 연구를 살펴보면 이러한 윤리경영의 목적과 효과가 나타나 있다. Lee · Yoshihara(1997)는 윤리경영은 조직구성원이 업무에 임하는 태도를 직·간접적으로 결정하며, 기업의 수익에 영향을 미치기 때문에 기업경영에서 반드시 고려되어야 한다고 하였다. 박재린 외(2003)는 윤리경영은 기업의 사회적 정당성 획득에 필수요소로, 장기적인 면에서 경영성과의 질적인 증대와 조직유효성의 향상을 가능하게 한다고 하였다. 또한 윤리경영은 조직구성원들에게 윤리적 행동규범을 제시함으로써 기업 내부적으로는 올바른 행동에 대한 기준제시를 통해 마찰을 감소시키고, 기업 외부적으로는 기업이 사회 속에서 하지 말아야 할 일과 해야 할 일에 대한 가이드라인을 제시해 줌으로써 사회 전체의 이익이 되는 행위에 대한 기준을 제시한다. 즉 윤리경영은 기업 이윤추구에 있어서 비윤리적이고 무절제한 방법을 사용하는 것을 사전에 예방하여 사회비용의 발생을 감소시키고, 기업이 여론의 지탄과 이해관계자 집단의 반발을 예방할 수 있게 한다고 주장하였다.

기업 내에서 윤리경영이 정착되면 조직과 조직구성원의 윤리적 행위와 비윤리적 행위에 대한 지침을 제공함으로써 기업의 최고경영자로부터 중간관리자와 구성원 모두에 이르기까지 올바른 행동에 대한 기준을 제시하여 주며, 이를 통하여 기업 활동이 최종적으로 사회 전체의 이익에 기여할 수 있도록 해준다.[7] 신은정·유선종(2017)은 윤리경영이란 실질적 경영활동과 의사결정에 있어 시장의 질서를 준수하며, 사회의 구성으로서 사회적 선을 위해 권리와 의무를 준수하는 것이라고 정의하고, 윤리경영의 필요성에 대하여 역설하였다.

---

7 신은정·유선종, 「감정평가법인 윤리풍토의 영향요인에 관한 연구」, 부동산연구, 제27집 제3호, 2017, pp.9−10.

03
부동산개발업 전문직 특성

　전문직(profession)은 전문화된 교육을 통해 일정한 자격 또는 면허(license)를 획득함으로써 독점적으로 전문적 지식과 기술을 사용할 수 있는 직업이다. 전문직은 성장 직업인 동시에 유망 직업이다. 사회발전의 가속화에 따라 전문직에 대한 수요가 늘어나고 직업적 활동의 전망이 좋아 사회적으로 크게 선호되는 직업이다. 산업화가 진전되어 서비스업이 증가하고 특히 지식이나 아이디어를 중심으로 부의 가치를 창출하는 직업이 증가하면서 탈산업사회의 구조를 갖게 되었다. 이렇게 되면서 서비스업 부분에서 고도의 부가가치를 내는 전문직이 생성되었다.[8] 전문직의 경우 다음과 같은 공통된 직업적인 특성이 존재한다.

　첫째, 물건의 생산이나 판매보다는 서비스의 제공이나 아이디어의 생산을 주로 한다. 둘째, 전문직 지식과 기술은 장시간에 걸쳐 비싼 비용이 드는 교육훈련을 거쳐 이러한 지식과 기술이 면허, 학위, 자격증을 받아 공식적으로 공인된다. 셋째, 직업 활동을 보호하기 위해서 전문적인 조직을 갖는다. 넷째, 전문직의 종사자들은 공공복지나 사회복지를 위해 공헌할 수 있는 기회를 많이 갖는다. 전문직은 사회구성원이나, 집단이나 국가에게 큰 도움을 주는 기능을 한다. 다섯째, 그들의 공익적 성격 때문에 그들은 국가나 지역사회로부터 사회적 존경을 받는다.

8　추정훈, 「윤리의 본질과 직업윤리」, 형설출판사, p.285.

전문직을 사회구조적 배경에서 보면 그들은 교육수준에서 상층부에 속하고 경제적인 수준에서 보더라도 중산층 이상이다. 전문직은 사회적 기능에서 보면 첫째, 그들은 정치적인 영역에서 통치 엘리트도 아니며 경제적인 영역에서 자본가도 아니다. 그들은 보수주의와 급진주의를 조화시키는 중도의 입장에서 사회 안정과 사회 개혁을 동시에 추구한다. 둘째, 고도의 전문화가 진행됨으로써 전문직이 확장되고 증가됨을 말미암아 사회적 계층구조를 피라미드의 형태로부터 다이아몬드 형태로 전환시킨다. 셋째, 그들의 지적, 심미적, 도덕적 가치 활동으로 말미암아 그들은 사회 속에서 문화적 기능을 수행하고 따라서 그 사회의 지배적 문화를 형성한다.

전문직은 공인된 자격을 가진 사람들만 종사할 수 있는 독점적인 직업이기 때문에 보다 높은 수준의 윤리기준이 요구된다. 따라서 전문직 직업윤리의 정립을 위한 다각적인 노력이 요구된다. 전문직 직업윤리의 바람직한 방향에는 다음과 같은 것들이 있다.

첫째, 전문직의 직업윤리는 타율적 규제가 당연히 필요하기는 하지만 그보다는 자율적 규제가 우선되어야 한다. 이러한 윤리의식의 내면화는 전문직 종사자를 양성하는 교육 과정에서부터 이루어져야 한다.

둘째, 전문직 종사자들을 고용하고 있는 조직체에서 수단 방법을 가리지 않는 이익 혹은 영리 추구로 말미암아 전문직 종사자들이 비윤리적 행위를 억지로 하게 하는 상황을 만들지 말아야 한다.

셋째, 자신들이 제정한 윤리강령을 철저히 존중하고 준수하려는 노력을 게을리 해서는 안 된다.

넷째, 전문직 종사자들은 가능한 한 기회가 주어지는 한도 내에서 공익이나 공공복지를 위한 봉사에 적극 참여해야 한다.

다섯째, 전문직 종사자들은 직업적 활동의 영역이 아닌 생활에서도 윤리적으로 모범이 되어야 한다.

04

부동산개발업 전문직의 윤리적 의무와 책임

「부동산개발업의 관리 및 육성에 관한 법률」 제16조에서는 윤리를 기업의 경제적·사회적·환경적 책임을 다할 것을 규정하며 부동산개발업자와 임직원 모두가 윤리의 범위 안에서 지속 가능한 기업으로 성장하기 위하여 모든 이해관계자와 좋은 관계를 형성하고 유지하여 경쟁력이 있는 기업이 되기 위하여 경쟁 우위를 창출하는 것이라고 제시하고 있다. 이러한 윤리의식의 내면화는 교육을 통하여 이루어지는데 정부는 부동산개발 전문교육을 통하여 윤리교육을 실시하고 개발회사와 부동산개발협회 또는 단체 등은 윤리강령과 윤리준칙을 만들어 개발회사와 개발전문직의 종사자 등의 자발적인 참여를 독려하여 윤리적으로 선진적 단계로 진입하기 위하여 노력하고 있다.

그렇다면 윤리적 경영과 윤리적 의사결정을 할 수 있는 방법은 무엇일까에 대하여 살펴보자. 윤리는 보장되는 권리가 없으며 동기에 초점을 두는 사회규범이다. 그렇기 때문에 윤리적 책임은 법률적 강제성이 없고 사회적·문화적으로 기대하고 요구하는 기준을 충족시키는 것으로 기업의 모든 이해관계자의 기대와 기준 및 가치에 부합해야 한다. 부동산 개발 사업과정에서 발생하는 많은 의사결정들은 윤리적 이론과 그에 따른 결과에 대하여 숙고하여 이루어지지 않는다. 또한 해당 과정에서 이해관계자 간에 물리적·제도적 갈등이 윤리적 이론으로 해결되는 경우도 많지 않다.

윤리적 갈등이란 둘 또는 그 이상 경우에서 더 좋은 행동을 결정하는 것보다 단지 하나의 유일하고 옳은 행동을 선택해야 하는 경우에 생긴다. 반면 부동산 개발 사업은 의사결정자가 어떠한 선택을 해도 이익과 손해가 발생되는 구조를 가진다. 따라서 개발사업 주체는 어떠한 의사결정을 하여도 위험을 감수할 가능성과 이익을 보게 될 가능성이 공존하게 된다. 대부분의 의사결정은 개발사업 주체의 사익추구를 위하는 방향으로 귀결된다.

이러한 의사결정은 네 가지 범주로 유형화할 수 있을 것이다. 옳음(윤리적)과 그름(비윤리적), 그리고 합법적인 상황과 불법적인 상황이 서로 결합되는 네 가지 경우이다. 윤리적 판단이 도덕적 원리와 가치에 관계한다면, 법은 법정에 의해 강제력을 지니는 가치와 표준을 나타낸다. 이렇게 보면 윤리와 법이란 두 가지 측면을 바탕으로 다음과 같이 의사결정을 범주화할 수 있다.

■:■ [표 3-3] 합법적인 의사결정 및 행동

구분	윤리적 행동	비윤리적 행동
합법적 행동	합법적이고 윤리적인 결정 및 행동	합법적이나 비윤리적인 결정 및 행동
불법적 행동	불법적이나 윤리적인 결정 및 행동	불법적이고 비윤리적인 결정 및 행동

자료: 이관춘(2013), 직업은 직업이고 윤리는 윤리인가(3판). p.311 재인용.

이때 윤리적인 의사결정자의 윤리적인 가이드라인은 개인적 가치에서 찾을 수 있는데 개인적 가치에 기초한 자신의 윤리적인 방향이 없다면 직장에서 상사의 지시 또는 상황에 따라 흔들리게 된다. 법적이나 윤리적으로 아무런 문제없는 합법적이고 윤리적인 결정 및 행동이 가장 바람직하지만, 그와 반대로 부동산개발사업의 리스크를 최소화하기 위해서 부정부패 또는 허위광고와 같은 불법적이고 비윤리적인 개인이나 기업이 해서는 안 될 상황이 나타날 수 있다. 그럼에도 불구하고 개발사업 주체는 상황적인 당위성을 주장하며 아무런 문제가 없다고 항변하고 비윤리적 행위로 발생하는 또 다른 위험을 최소화하기 위하여 불법적이고 비윤리적인 결정을 내리게 된다. 의사결정자는 행위에 대한 법률적 또는 도덕적 책임을 져야 하지만 이때 발생하는 불법적이고 비윤리적 행위에 대한 비용은 분양가격 또는 임대가격으로 소비자에게 전가되어 사회적 효용이 감소하게 된다.

비윤리적이지만 합법적인 의사결정과 행동을 하는 경우는 법적으로는 아무런 문제가 없다고 주장되지만 많은 기업과 경영진 그리고 담당자에게는 윤리적 갈등이 발생된다. 국내 다수의 부동산 개발회사 및 의사결정자가 이러한 갈등구조에 휘말리게 된다. 합법적인 범위 안에서 기업과 기업의 주주 그리고 경영인의 이익만을 위하여 이익을 극대화하기 위해서는 법의 범위에서 무엇이든 하는 경우이다. 하지만 앞에서 언급한 것과 같이 부동산은 사회성과 공공성을 가지고 있기에 사회적 제약이 강조되고 사적인 사용보다 국민경제에서 더욱 중요한 영향력을 지니도록 법률를 통하여 강조하고 있다. 이러한 이유로 관련 기업은 이익만을 추구하는 것이 아니며 지역사회의 번영과 행복을 제공하는데 목적을 두어야 한다.[9]

부동산개발업 전문직의 윤리적 의무와 책임과 관련하여 부동산개발업의 특성이 다수의 이해관계자가 관련되어 있으며, 대규모의 비용이 수반되고, 사업의 비가역성으로 인해 한 번 잘못된 사업은 돌이키기 어려운 점을 감안할 때 부동산개발업 전문직의 윤리적 의무와 책임은 그 크기가 타 산업과 비교하여 보다 막중함을 알 수 있다. 부동산개발업자 및 관련 종사자들은 전문성과 사회적·도덕적 책임을 가장 중요한 요소로 인식해야 한다. 금융위기를 통하여 원리원칙과 윤리적 의식이 수반되지 않은 수익만을 추구하는 부동산 개발의 성공은 결국 기업의 무질서와 사회적 문제를 조장하며 부패됨을 확인하였다.

영국왕립평가사협회(RICS)에서는 개발사업관리(Project Management)를 포함한 다수의 자격기준에서 다음과 같은 직업 및 윤리기준을 제시하고 이에 대

---

9 김성용, 「부동산개발은 왜 윤리적이여야 하는가」, 부동산114 전문가 칼럼, 2017.

한 준수를 엄격하게 강제하고 있다. 한국의 부동산개발업계에서 차용하여 널리 활용되어야 할 것으로 생각된다. 글로벌 자격기준에서 요구되는 5 rules(5가지 직업 및 윤리 기준)은 다음과 같다.

첫째, 정직하게 행동하라. 당신이 하는 모든 일에 있어 솔직하고 정직하라.

둘째, 항상 높은 수준의 서비스를 제공하라(Always provide a high standards of service). 당신의 고객 또는 당신이 업무적 책임이 있는 상대방에게, 항상 가능한 최선의 조언과 지원 등을 받는다는 보장을 해야 한다.

셋째, 업무적으로 신뢰를 형성할 수 있게 행동하라(Act in a way that promotes trust in the profession). 업무적으로 뿐만 아니라 개인적으로도 신뢰를 형성할 수 있게 행동하라.

넷째, 다른 사람들을 존중하라(Treat others with respect). 모든 사람들에게 예의 바르고 공손하게 대하라. 그리고 문화적 차이 및 업무 관행을 인정하라.

다섯째, 책임감을 가져라(Take responsibility). 당신의 모든 행동을 책임져야 한다. 만약 일이 잘못되거나 또는 올바르지 않다고 생각되더라도 다른 사람을 비난하지 말고, 조치를 취할 준비를 하라.

이상의 기준들을 국내 현실에 맞게 수정 및 보완하여 부동산개발업 전문직의 윤리적 의무와 책임에 관한 실질적인 지침이 작성되고 준수되어야 할 것으로 생각된다. 이를 위해서는 관련 종사자들의 다양한 의견수렴과 더불어 제도적인 보완 및 행정적인 지원이 병행되어야 할 것이다. 끝으로 비윤리적인 시장 참여자에 대한 부동산개발업계의 배제장치가 필요하다고 생각된다. 이는 법률적인 규제와 달리 업계 관계자들이 동의할 만한 수준이어야 할 것이며, 이러한 풍토가 업계에 정착되어야만 새로운 시장질서가 수립될 수 있을 것이다.

학습내용정리 Summary

01 부동산개발은 대규모화와 비가역성으로 인하여 개발의 영향이 미치는 범위가 광범위하고 직접적일 수밖에 없는 점을 고려할 때 개발윤리에 대한 연구가 필요한 실정이다.

02 부동산개발업자의 직업윤리란 부동산개발업자들이 부동산개발업을 수행함에 있어 공공성과 공익성을 우선하여 지켜야 할 덕목으로 정의할 수 있다.

03 부동산개발업은 부동산 산업의 모든 분야를 포괄하고 있는 전문적인 업종으로 높은 수준의 직업윤리가 요구되기 때문에 법규로 부동산개발업의 윤리를 한정하거나 단정해서는 안 되며, 국가와 사회, 일반인이 요구하는 수준의 윤리의식을 갖추어야 한다.

04 윤리적 갈등이란 둘 또는 그 이상의 경우에서 더 좋은 행동을 결정하는 것보다 단지 하나의 유일하고 옳은 행동을 선택해야 하는 경우에 생기는 데 반하여, 부동산 개발 사업 주체는 어떠한 의사결정을 하여도 위험을 감수할 가능성과 이익을 보게 될 가능성이 공존하게 된다.

예시문제 Exercise

01 Kohlberg의 3수준과 6단계 도덕발달의 구성을 설명하시오.

02 부동산개발업자의 직업윤리 의식을 확고히 하기 위해 전문직으로서 갖추어야 할 자세와 태도는 무엇인지 서술하시오.

03 기업과 기업윤리에 대해 각각 설명하시오.

04 전문직 직업윤리의 바람직한 방향에 대해 서술하시오.

05 부동산 개발사업 과정이 윤리적으로 정당화 되는 경우 사회적 비용의 감소에 대하여 의견을 제시하시오.

06 한국의 부동산개발업계에서 차용하여 활용되어야 할 것으로, 영국왕립평가사협회(RICS)에서 제시하고 있는 5rules(5가지 직업 및 윤리기준)은 무엇인지 말하시오.

부동산개발업 전문직의 윤리 인식도 및 윤리적 갈등 사례 분석

01
분석의 개요

　그렇다면 실제로 부동산개발업 전문직들은 업무과정에서 업무와 관련한 윤리에 대하여 어떤 인식을 가지고 있으며, 어떤 상황에서 윤리적인 갈등을 경험하였는지에 대하여 심도 있는 고찰과 함께 대안 도출을 위한 단초를 마련해야 할 필요가 있다. 관련 업계 실무자들의 실제 생각과 경험에서부터 우러나온 실질적인 해법이 제시되지 않는다면, 그저 이론에 불과한 공허한 이야기가 될 수 있기 때문이다. 이를 위해 다음과 같은 내용으로 부동산개발과 관련한 다양한 경력자들을 대상으로 한 심층면접과 설문조사를 통해 부동산개발업 전문직의 윤리 인식도 및 윤리적 갈등 사례를 분석하게 되었다.

　이 설문조사는 2018년 8월 1일부터 8월 30일까지 한 달간 진행되었다. 설문은 부동산개발업 관련직종 실무 전문가 55명을 대상으로 하였다. 설문대상은 시공사, 시행사, 컨설팅회사, 설계 및 엔지니어링회사, 재개발 및 재건축 등 조합, 분양대행 및 마케팅회사, 금융기관, 신탁회사, 관련분야 공무원, 법률서비스 등 기타회사 종사자로 구성되었다. 구체적인 설문대상자의 개요 및 특성은 다음과 같다. 응답자 성별은 남성이 70.9%, 여성이 29.1%로 구성되었다.

구분	빈도(명)	비율(%)
남성	39	70.9
여성	16	29.1
합계	55	100.0

　　전체 응답자 55명의 연령대는 최저 38세부터 62세까지로 구성되었으며, 평균 연령은 49세로 분석되었다. 부동산개발관련 업종 종사기간은 최저 9년부터 최장 32년까지였으며, 평균 17.64년의 경력자들이다. 응답자가 경험한 부동산 개발관련 사업은 최저 5건에서부터 최대 35건까지로 나타났으며, 평균적으로 12.51건의 부동산개발사업 경험이 있는 것으로 분석되었다. 이들의 관련 설문에 대한 답변은 해당 업종 종사기간 등을 고려할 때 현실적이며 심도 있는 자료가 될 것으로 판단하였다.

응답자의 구체적인 종사분야는 다음과 같다.

■ [표 4-2] 응답자 종사 분야

구분	빈도(명)	비율(%)
시공사	10	18.2
시행사	7	12.7
컨설팅회사	6	10.9
설계 및 엔지니어링회사	6	10.9
재개발 및 재건축 등 조합	5	9.1
분양대행 및 마케팅회사	5	9.1
금융기관	6	10.9
신탁회사	5	9.1
관련분야 공무원	3	5.5
기타 법률서비스 등	2	3.6
합계	55	100.0

02
설문항목 개발

　이번 설문조사를 위해 부동산개발업 관련 종사자, 실무 및 학계 전문가, 국책 연구기관 등과의 심층면접을 실시하였다. 이 과정에서 부동산개발업 전문직의 부동산 개발윤리에 대한 인식, 윤리적 갈등 상황에 대한 사례 분석 등을 파악하기 위한 설문항목을 개발하였다. 설문항목들은 업계 종사자들의 업역에 대한 인식도 및 관련 직업윤리에 관한 사항을 포함하도록 하였고, 향후 개선 방안을 제시하기 위한 대안적인 견해 또한 직·간접적으로 나타낼 수 있도록 구성하였다. 이러한 과정을 통해 구성된 주요 설문항목과 설문지 양식은 다음과 같다.

주요 설문항목 및 내용
01) 업무종사 분야
02) 경력 기간
03) 부동산개발사업 참여 횟수
04) 부동산개발업 윤리 인지여부
05) 부동산개발업 윤리의 필요성 동의 정도
06) 윤리적 갈등상황 경험
07) 비윤리적 행위 경험
08) 비윤리적 행위 원인
09) 비윤리적 행위 결과
10) 향후 또 다시 해당 상황에 직면하는 경우의 대응방안
11) 부동산개발과정에서 타인의 비윤리적 행위로 피해를 본 경험
12) 당시의 대처는 어떤 형태
13) 부동산개발업 윤리의 필요성 공감 정도
14) 부동산개발업 윤리의 발전방안
15) 부동산개발업에 있어 비윤리와 불법의 구분

해당 항목들을 포함한 설문지 양식은 부록에 구성되었다.

03
부동산개발업 전문직의
윤리 인식도 분석

　　부동산개발업 전문직이 관련 윤리에 대하여 인식하고 있는 정도에 대한 평가항목의 점수는 다음과 같이 분석되었다. 최댓값과 최솟값의 중간값이 설문항목 중 '보통이다'를 의미한다. 이보다 큰 값이거나 작은 값인 경우 보통이라고 생각하는 경우와 다른 한쪽으로 치우친 결과를 나타낸다. 다음에 제시되는 분석결과들이 업계의 적나라한 현황과 관행을 나타낸다고 볼 수 있을 것이다. 구체적인 응답결과는 다음과 같다.

　　먼저 응답자가 생각하는 부동산개발과정에서 윤리의 필요성 공감 정도는 평균 4.78로 나타났다. '보통이다'로 생각하는 값이 4인 설문항목으로 대다수의 응답자들이 부동산개발과정에서 윤리가 필요하다고 생각하는 것을 알 수 있다.

　　다음은 응답자가 경험한 부동산개발업계의 윤리적 수준 정도는 평균 3.04로 나타났다. '보통이다'로 생각하는 값이 3인 설문항목으로 응답자들의 경우 부동산개발업계의 윤리적 수준은 보통 수준으로 평가하는 것을 알 수 있다.

　　다음은 응답자가 경험한 부동산개발업 종사자의 윤리적 수준 정도는 평균 3.25로 나타났다. '보통이다'로 생각하는 값이 4인 설문항목으로 대다수의 응답자들이 윤리적 수준 정도를 보통 이하로 생각하고 있었다. 비윤리적이라고 생각하고 있는 것이다. 이러한 분석결과는 부동산개발업 종사자들의 윤리관 정립이 절실히 필요하다고 생각하는 업계 종사자들이 많다는 것을 의미하며, 업계 전체보다는 업계 종사자의 윤리적 태도 확립이 중요하다는 것을 반증하는 결과로도 해석된다.

응답자가 경험한 부동산개발업 관련 업무에 필요한 부동산개발윤리의 필요성에 대하여 공감하는 정도는 평균 4.15로 나타났다. '보통이다'로 생각하는 값이 4인 설문항목으로 대다수의 응답자들이 부동산 개발윤리가 필요함에 동의하고 있음을 알 수 있었다.

■ [표 4-4] 부동산개발업 전문직의 윤리 인식도

설문항목	N	최소값	최대값	평균	표준편차
귀하가 생각하시는 부동산개발과정에서 윤리의 필요성 공감 정도	55	2.00	7.00	4.78	0.94
귀하가 경험하신 부동산개발업계의 윤리적 수준 정도	55	1.00	5.00	3.04	1.15
귀하가 경험하신 부동산개발업 종사자의 윤리적 수준 정도	55	1.00	6.00	3.25	1.00
귀하께서 경험하신 부동산개발업 관련 업무에 필요한 부동산개발윤리의 필요성에 대하여 공감하는 정도	55	1.00	7.00	4.15	0.95

세부적인 설문항목에 대한 응답자의 견해는 다음과 같이 나타났다. 먼저 부동산 개발윤리에 대하여 알고 있는지에 대하여 다수의 응답자가 인지하고 있는 것으로 나타났다.

구분		빈도(명)	비율(%)
항목	전혀 모른다	1	1.8
	모르겠다	6	10.9
	보통이다	25	45.5
	알고 있다	18	32.7
	잘 알고 있다	5	9.1
	합계	55	100.0

다음으로 부동산개발과정에서 윤리의 필요성에 공감하는 정도에 대해서
는 윤리가 필요하다는 생각을 가진 응답자가 다수인 것으로 분석되었다. 다만
보통으로 생각하는 경우 또한 적지 않은 비중을 나타내었다.

■▪ [표 4-6] 부동산개발과정에서 윤리의 필요성 공감정도

구분		빈도(명)	비율(%)
항목	반대	1	1.8
	반대하는 편	2	3.6
	보통	17	30.9
	찬성하는 편	25	45.5
	찬성	8	14.5
	적극 찬성	2	3.6
	합계	55	100.0

응답자들은 부동산개발업계의 윤리적 수준 정도에 대해서는 낮은 것으로
평가하였다. 이는 오랜 기간 동안 해당 업역에 종사한 관계자들의 평가임을
고려할 때 향후 반드시 개선되어야 할 중요 사안으로 생각된다. 이는 업계 관
계자들의 많은 노력과 제도적 보완을 통해 점진적으로 변화되길 바란다.

구분		빈도(명)	비율(%)
항목	매우 낮다	6	10.9
	낮다	13	23.6
	낮은 편이다	13	23.6
	보통이다	19	34.5
	높은 편이다	4	7.3
	합계	55	100.0

부동산개발업 종사자의 윤리적 수준은 업계의 윤리적 수준보다 낮은 것으로 분석되었다. 이는 업계의 관행이 종사자로부터 발생된 것임을 의미하며, 향후 대안적인 제도변화를 계획하고자 할 때 중점적으로 고민해야 할 사항으로 생각된다.

■┇ [표 4-8] 부동산개발업 종사자의 윤리적 수준 정도

구분		빈도(명)	비율(%)
항목	매우 낮다	2	3.6
	낮다	9	16.4
	낮은 편이다	23	41.8
	보통이다	16	29.1
	높은 편이다	4	7.3
	높다	1	1.8
	합계	55	100.0

응답자의 대부분은 부동산개발과정에서 윤리적 갈등상황을 경험한 것으로 분석되었다. 해당 분석결과를 통해 윤리적 갈등상황을 유발할 수밖에 없는 것이 업계의 특수성 때문인지, 아니면 업계 종사자의 특성 때문인지 등과 같은 심도 있는 추가적 분석이 진행되어야 할 것으로 판단된다.

구분		빈도(명)	비율(%)
항목	있다	47	85.5
	없다	7	12.7
	잘 모르겠다	1	1.8
	합계	55	100.0

부동산개발과정에서 비윤리적 행위와 관련한 직·간접 경험의 경우 약 90%가 경험이 있는 것으로 응답하였다. 이는 부동산개발과정에는 비윤리적 행위가 발생할 수 있는 여지가 많았던 것으로 이해된다. 향후 어떻게 하면 제도적, 법률적으로 이러한 여지를 줄여나갈 수 있을지에 대한 고민이 필요하다고 생각한다.

■■■ [표 4-10] 부동산개발과정에서 비윤리적 행위 직·간접 경험

구분		빈도(명)	비율(%)
항목	있다	49	89.1
	없다	6	10.9
	합계	55	100.0

부동산개발과정에서 비윤리적 행위의 발생원인과 관련하여 응답자들은 개인적인 이익 및 조직의 이익 추구가 원인인 것으로 생각하고 있었다. 다음으로 업역의 특성 및 업계의 관행 및 풍토라는 응답이 뒤를 이었다. 부동산 개발윤리 미정립으로 응답한 비율은 12.7%로 분석되었다. 개인과 조직의 이익 추구가 근본적인 인간의 본성에 기인하고 있다면 이에 대한 해결책을 마련하고 고민하는 것은 아주 긴 호흡으로 접근해야 할 것이다.

구분		빈도(명)	비율(%)
항목	개인적 이익 추구	13	23.6
	조직의 이익 추구	14	25.5
	업계의 관행 및 풍토	10	18.2
	업역의 특성	11	20.0
	부동산개발윤리 미 정립	7	12.7
	합계	55	100.0

부동산개발과정에서 비윤리적 행위로 초래된 결과는 비윤리적 행위를 행한 개인과 조직이 이익을 가지는 결과라는 응답이 압도적으로 나타났다. 특히 조직의 일원으로서 조직의 이익을 우선시하고자 비윤리적 행위를 경험하게 되었음을 반증하는 결과로도 해석된다.

■■ [표 4-12] 부동산개발과정에서 비윤리적 행위가 발생한 경우 경험한 결과

구분		빈도(명)	비율(%)
항목	비윤리적 행위 당사자의 개인적 이익 실현	22	40.0
	비윤리적 행위 당사자가 속한 조직의 이익 실현	31	56.4
	잘 모르겠다	2	3.6
	합계	55	100.0

부동산개발과정에서 타인의 비윤리적 행위로 인한 피해를 입은 경우가 약 80%로 나타났다. 비윤리적 행위의 당사자는 이익을 갖게 되고, 상대방은 피해를 입게 됨을 확인할 수 있는 결과로 해석된다.

구분		빈도(명)	비율(%)
항목	있다	43	78.2
	없다	9	16.4
	잘 모르겠다	3	5.5
	합계	55	100.0

보다 심층적으로 분석을 진행한 결과는 다음과 같다. 먼저 부동산개발과정에서 타인의 비윤리적 행위로 피해를 입은 경우의 대응이다. 약 85%의 응답자가 해당 행위에 분노하였지만 문제 삼지 않거나, 업계의 관행으로 치부하고 받아들인 것으로 나타났다. 혹시 동업자 의식은 아니었을까 궁금한 대목이다. 사법기관에 제보하겠다는 응답자는 5.5%로 나타났다.

■■ [표 4-14] 부동산개발과정에서 타인의 비윤리적 행위로 피해를 입은 경우의 대응

구분		빈도(명)	비율(%)
항목	비윤리적인 행위에 대하여 상대방에게 반대의견을 강하게 제시하였다	5	9.1
	비윤리적인 행위에 분노하였지만 문제 삼지 않았다	29	52.7
	업계의 관행으로 이해하고 그러려니 하고 받아들였다	18	32.7
	비윤리적인 행위에 대하여 관계 사법기관에 제보하였다	3	5.5
	합계	55	100.0

향후 타인의 비윤리적 행위로 인해 피해 발생이 예상되는 경우 더 이상의 피해를 입지 않기 위해 가능한 모든 방안을 활용하겠다는 응답이 가장 많았다. 이는 과거 해당 경험을 통해서 피해를 입었으며, 무대응으로 일관했던 것이 업계의 풍토와 종사자들의 윤리의식에 나쁜 영향을 미쳤다고 생각하고 있음으로 유추된다. 일부는 제3의 기관에 제보함으로써 해당 상황을 돌파하고자 하였으며, 보다 더한 비윤리적 행위를 통해 해당 상황을 모면하겠다는 응답 또한 제시되었다.

■■ [표 4-15] 향후 타인의 비윤리적 행위로 인한 피해 발생에 대한 대응

	구분	빈도(명)	비율(%)
항목	보다 적극적인 비윤리적 행위를 통해 해당 상황을 모면하려고 노력한다	10	18.2
	윤리적인 행위를 통해 해당 상황을 돌파하고자 노력한다	2	3.6
	객관적인 판단이 가능한 제3의 기관에 해당 사실을 제보한다	11	20.0
	더 이상의 피해를 입지 않기 위해 가능한 모든 방안을 활용한다	29	52.7
	비윤리적 행위를 하고 있는 상대방과 타협하여 해당 상황을 타파한다	3	5.5
	합계	55	100.0

부동산개발윤리의 필요성에 대해서는 다수가 공감하는 것으로 분석되었다. 향후 부동산개발윤리가 잘 발전되고 정착되기를 바란다. 이는 업역의 규모를 확대하고 종사자들의 위상을 높이고 존경받는 부동산개발업 전문직을 양성하는 데 꼭 필요한 사항임을 명심해야 할 것이다.

[표 4-16] 부동산개발윤리의 필요성 공감 정도

구분		빈도(명)	비율(%)
항목	매우 낮다	1	1.8
	낮다	1	1.8
	낮은 편이다	7	12.7
	보통이다	30	54.5
	높은 편이다	13	23.6
	높다	2	3.6
	매우 높다	1	1.8
	합계	55	100.0

부동산개발업 윤리 발전을 위한 제도적 대안으로서 부동산개발업 종사자들에 대한 윤리교육을 강조하였고, 윤리위반에 대한 제재방안 또한 필요함을 주장하였다. 윤리기준을 제정하고 이를 홍보하고 교육하며, 위반자를 제제하고 경쟁의 기회를 박탈하는 등의 실행계획이 수립되어야 할 것이다. 보다 궁극적으로는 법률적인 테두리를 잘 규정하고 윤리와 결합한 제도와 법률이 보다 실무적으로 제시되어야 할 것이다.

구분		빈도(명)	비율(%)
항목	부동산개발업 종사자들에 대한 윤리교육 의무 실시	18	32.7
	부동산개발업 윤리 위반자에 대한 제제방안 마련	11	20.0
	비윤리적 참여주체(개인 및 법인, 단체 등)에 대한 경쟁기회 박탈	8	14.5
	부동산개발 윤리에 대한 홍보 강화	6	10.9
	부동산개발 윤리에 대한 기준 제정	8	14.5
	비윤리적 행위에 대한 사법처리 연계방안 입법 노력	4	7.3
	합계	55	100.0

끝으로 응답자들은 부동산개발과정에서 비윤리와 불법의 구분 기준으로 업계의 관행을 중시하는 것으로 분석되었다. 이후 현행법령이 뒤를 이었다. 비윤리적 행위를 통해 편취한 금액에 따라 구분해야 한다는 의견도 있었다. 향후 이에 대한 세밀한 기준들이 만들어져야 할 것이다.

■┇ [표 4-18] 부동산개발과정에서 비윤리와 불법의 구분 기준

구분		빈도(명)	비율(%)
항목	현행법령	15	27.3
	업계관행	26	47.3
	비윤리의 수준 및 정도	7	12.7
	비윤리적 행위를 통한 편취한 금액	4	7.3
	당해 부동산개발사업 참여자들의 평가	3	5.5
	합계	55	100.0

04
부동산개발업 전문직의
윤리적 갈등 사례 분석

　　다음은 설문지에 응답자의 경험을 토대로 부동산개발업 전문직으로서의 윤리적 갈등 상황에 대한 사례로 기술된 내용들이다. 이를 토대로 윤리적 갈등 사례들의 구체적 상황을 살펴보기로 한다. 특히 사례에서 제시된 행간의 의미를 깊이 있게 생각해볼 것을 당부하는 바이다.

　　사례 1은 토지 분양회사에 근무하던 경우의 사례이다.

> 　　토지를 분양하는 회사에 다니면서 토지의 발전가능성에 대하여 실제보다 부풀려서 홍보한 적이 있다. 이 과정에서 다수의 분양자들에게 본의 아니게 비윤리적인 행위를 했던 기억이 있다. 이를 통해 회사의 수익과 더불어 판매 수당을 많이 받았다. 해당 토지의 현재 상황은 당초 예상보다는 늦지만 점차로 발전되어 가고 있기에 양심의 가책은 줄어든 상황이다. 당시에 내가 한 행동은 불법적인 행동은 아니었지만 윤리의 잣대로 보면 분명 비윤리적인 행동으로 볼 수 있을 것 같다. 두고두고 기억에 남는 일이었다. 또다시 해당 업무를 맡게 된다면 예전처럼 업무 처리를 하지 않을 것이다.

사례 2는 건설회사에 근무하던 경우의 사례이다.

도급순위가 높은 건설회사에 다닐 때의 일이다. 당시 근무하던 현장은 재건축아파트 현장이었다. 당시의 관행은 시공사가 조합과 낮은 단가로 계약을 하고 공사기간 중 발생하는 단가 인상 요건에 따라서 변경계약을 통한 단가 인상이 일상적이었다. 조합과 관련한 업무를 담당하였기에 토공사 중에 암반이 나온 것을 계기로 조합을 상대로 공사비 증액을 요구하였으며, 실제 추가 공사비보다 많은 금액을 증액한 경험이 있다. 이 과정에서 회사에서 공로를 인정받아 승진까지 하게 되었다. 내가 속한 조직의 이익 증대를 위해 당시에는 나름대로 열심히 일한 성과로 기억하고 있으나, 조합원들의 추가부담을 생각하면 설문과정에서 알게 된 윤리의 관점에서 보니 혹시나 비윤리적인 행위가 아니었을까 돌아보게 된다.

사례 3은 설계회사에 근무하던 경우의 사례이다.

병원건물을 주로 설계하는 설계회사에 근무한 경험이 있다. 당시에 함께 일하는 동료들은 주로 설계와 디자인, 구조를 전공한 사람들이었다. 회사 대표의 경영방침 또한 완벽한 디자인과 구조를 통한 새로운 랜드마크의 건설이었다. 그러나 해당 업계의 전체적인 분위기가 수익성이 높지 않은 업종이었기에 회사 운영이 어려운 곳들이 많았고, 직원들의 이직과 설계회사의 폐업이 잦은 시기로 기억한다. 나의 주요 업무는 재무담당이었다. 회사의 유지를 위해 설계 중인 병원 인접지에 주택을 매입하고, 해당 병원의 출입구를 매입한 주택 쪽으로 설계하여 약국 최적입지로 만들어서 회사를 유지해 나갈 수 있는 자금을 마련한 바 있다. 윤리적으로나

법적으로 아무런 거리낌 없이 지나왔지만 설문을 하고 있는 이 순간에 다시 돌아보니 여러 가지 생각이 든다.

사례 4는 금융기관에 근무하던 경우의 사례이다.

금융기관에 근무한 바 있다. 당시에 지점 인근에서 대단위로 분양하는 아파트가 있어 해당 아파트단지의 금융 업무를 수주하고자 오랜 기간 공을 들인 기억이 있다. 지점의 성과를 위해 해당 업무수탁 지점 결정에 영향을 미칠 수 있는 관계자들에게 혈연, 지연, 학연 등 동원 가능한 모든 방법을 강구하여 수주활동을 한 바 있다. 결과적으로 해당 업무를 수주하지 못하였다. 이러한 결과를 초래한 이유는 경쟁사보다 적극적이지 못한 수주활동의 탓으로 돌리고 싶다. 당시에 관행과 같았던 금품과 향응 제공 등을 묵과하고, 오직 인정으로 수주활동을 했던 것이 실패의 원인이었다고 생각한다. 기업의 목표는 이윤추구다. 이를 위해서는 과정보다는 결과가 필요하고, 결과를 위해 필연적으로 한국사회에서 필수적인 여러 가지 수주 활동은 윤리적인 잣대로 들이대기에는 무리가 있다고 생각한다. 오래전 일이지만 지금도 현장에서는 일상적으로 볼 수 있는 일인 것 같다.

사례 5는 재개발아파트 주변지역 거주자의 사례이다.

친척 가운데 재개발아파트 현장 인근에 사는 이가 있다. 최근 오래된 집들을 철거하고 터파기 공사가 한창이라 매일 먼지와 더불어 발파작업으로 인한 소음 및 진동에 너무나도 힘이 든다는 이야기를 들었다. 얼마 지나지 않아서는 살고 있는 집 화장실에 타일에 금이 가고 문틀 주변에도 금이 생겼으며, 주위 사람들도 같은 현상이 발생하고 있다는 이야기를 들었다. 당시 법률과 관련한 업무를 하고 있었기에 해당 현장 주변의 사람들을 모아서 집단적으로 소송을 진행하고자 하였다. 당시에 목적은 해당 지역사람들의 피해 방지 목적도 있었지만 보다 더 관심을 두고 추진한 것은 해당 건설회사와의 합의과정에서 발생할 수 있는 법률보수에 대한 사항이었다. 이를 위해 해당 조합아파트 공사 중지 가처분과 더불어 주변 주택 피해에 대한 손해배상 청구를 동시에 진행하였다. 결과적으로 이웃 주민이었던 조합 측에 상당한 기간 동안 공사가 중지되어 피해를 입히게 된 사건이었다.

　　당시에는 경력이 일천하여 해당 사건을 원만하게 합의를 통해 진행하지 못하였고 너무나도 강성으로 대결구도로 이끌어 갔던 것이 돌아보니 마음에 걸린다. 이웃들을 법정에 서게 했으니 말이다. 다시 한번 유사한 사례가 발생한다면 합의를 통해 문제를 해결할 수 있도록 조언할 것이다. 금전적인 유혹과 직업윤리는 늘상 내 마음속에서 끊임없이 소송 중이다.

　사례 6은 시행사에 근무하던 경우의 사례이다.

　　시행사는 토지작업을 주로 한다. 토지 작업은 부동산개발사업의 대상 토지를 확보하는 작업이다. 토지작업의 스폰서는 대개 대형 건설회사이다. 대형 건설사들은 직접 토지작업에 개입하는 경우 해당 지역의 토지가격이 폭등하게 되기에 자회사 개념의 많은 시행사들을 관리하게 된다. 일부 대형 건설사들은 차명 시행사가 수백 개 이상 있다는 풍문도 있다. 시행사에 근무하면서 지주작업 과정에서 마치 우리회사에서 해당 사업을 추진할 것처럼 매도인에게 이야기한 바 있다. 그래야만 지주들이 회사의 영세성을 보고 혹시라도 이 사업이 중간에 중지될 것을 우려해서 토지를 매도하게 된다. 물론 시세는 적정하게 치른다. 입사 초기에는 스폰서의 존재를 몰라서 윤리적으로 당당했지만 직급이 오르고 회사의 사정을 알게 되자 해당 업무 수행 과정에서 조금은 마음이 불편한 상황들이 있었던 것으로 기억된다. 윤리와 비윤리는 구분하지 않고 불법적인 행위만 근절하자는 분위기가 생각난다.

사례 7은 공무원으로 근무하던 경우의 사례이다.

아주 오래전 공직에 입문하자마자 인허가 부서에 근무할 때의 일이다. 당시에는 여러 가지 이유로 사람이 하는 일 중에 안 되는 일이 없을 때였다는 생각이 든다. 당시에 소규모 근린주택의 인허가와 관련하여 외지인이 지역과 연고가 없는 설계사무소를 통해 인허가를 신청한 적이 있다. 업무가 서툴렀던 당시에는 선배들에게 조언을 듣고 업무를 처리하는 경우가 많았다. 선배들의 조언은 애를 먹여서 설계사무소를 지역 업체로 바꿀 수밖에 없도록 추진하라는 것이었다. 그래야 내 일이 편하다는 조언이었다. 여러 가지 이유를 들어 인허가를 보완 또는 반려했다. 결국은 신청자와 해당 설계사무소의 노력 끝에 인허가를 해 줄 수밖에 없었다. 당초에 목적한 바도 이루지 못하였고, 민원인에게 불평을 초래했던 당시의 내 모습을 돌아보니 웃음만 나올 뿐이다. 직업윤리에 어긋난 일이었다고 생각하고 반성한다.

사례 8은 부동산컨설팅회사에 근무하던 경우의 사례이다.

　　부동산컨설팅회사에 근무할 당시의 일이다. 사업타당성 분석을 주로 하였다. 시행사에게 해당 개발사업의 사업성을 분석하여 토지 매입비용, 분양가, 차입금 이자율 등에 대한 지침을 제공하였다. 컨설팅회사의 역량은 사업성분석을 얼마나 현실적으로 해내느냐로 판가름 나던 시절이었다. 컨설팅용역 수주를 위해 여러 가지 핵심 수치들을 최대 낙관치로 제시하였다. 나중에 잘 안되면 그때 생각하기로 하고 일단을 수주하자는 생각이었다. 예상대로 우리 회사가 수주를 했고, 사업이 추진되었으나 분양 등의 계획에 차질이 생겨 사업기간이 길어지고 당초 예상했던 것보다 훨씬 적은 수익을 얻으면서 사업이 종료되었다.
　　당시에는 윤리적인 잣대보다는 수주를 해야 회사가 산다는 정말로 절실한 심정이었기에 생존과 윤리를 같은 선상에서 볼 수 없던 시절이었다. 아마도 지금의 현실 또한 부동산개발업계는 불법이 아니라면 윤리와 비윤리를 구분하는 것은 사치가 아닐까 생각하게 된다.

사례 9는 신탁회사에 근무하던 경우의 사례이다.

　　한동안 신탁회사가 시행사 대표의 악행을 뒷바라지하던 시절이 있었다고 생각한다. 타 사업장에서 여러 참여자들에게 손실을 입힌 시행사가 회사이름을 바꾸고 신탁제도와 신탁회사를 활용하여 타 사업의 채권자들로부터 악덕 시행사 대표를 보호해 줄 수밖에 없던 업무를 행하던 기억이 있다. 이런 일들이 많아지자 사해신탁이라고 해서 신탁하였지만 보호되지 않는 신탁자산들이 생겨났고 이 또한 일반인들이 쉽게 접근하기 어려운 영역이었다. 당시에는 회사의 이익을 위해 해당 업무를 수행

한 바 있으나, 돌이켜보면 어쩔 수 없었으나 윤리적으로는 마음이 불편한 상황들이 있었던 것으로 생각된다. 지금 생각에는 윤리적일수록 손해를 보게 되는 업계의 관행이 하루빨리 개선되어야 할 것으로 생각된다.

사례 10은 제안서 평가업무를 수행하던 경우의 사례이다.

직업상 제안서를 평가하는 일을 하던 때가 있었다. 제안서를 제출한 회사들의 제안서를 정량적, 정성적으로 평가하여 순위를 매기는 업무이다. 통상의 경우 정량평가는 해당 기관이 정성평가는 외부 위원들이 하게 된다. 부동산개발사업 프로젝트는 기간도 장기이며 불확실성이 많은 경우가 일반적이다. 이러한 이유로 해당 사업에 대한 전반적인 아이디어 또는 설계 등에 대한 평가보다는 해당 업체가 당해 프로젝트를 완료할 수 있을까에 대한 종합적인 판단을 하게 된다. 이는 해당 제안서를 작성하면서 오랜 시간과 비용을 투자한 회사들에게는 안타까운 상황이지만, 평가에 참여하는 당사자로서는 어쩔 수 없는 정성적 평가가 되는 것이 현실이다.

윤리와 비윤리를 구분하는 상황은 아니지만, 실무상 평가자마다 각기 자신의 입장에서 정성적으로 고려해야 하는 우선순위들이 다를 수 있으며, 정해진 짧은 시간 동안 이루어지는 제안서 평가과정의 한계를 고려한다면 앞으로는 보다 발전적인 평가제도와 기법이 요구되어야 할 것으로 생각한다.

이상에서의 같은 다양한 윤리적 갈등 상황들은 이전부터 현재까지 항상 부동산 개발과정에서 접할 수 있다. 과거의 경험을 사례로 제시한 응답자들이 가지고 있는 마음속의 부담들은 해당 행위가 법률적으로는 합법적이지만 윤리적인 잣대로는 불편할 수 있는 상황이었기에 느끼는 반성으로 이해된다. 윤리적 판단은 개인의 특성에 따라 달라질 수 있을 것이다. 부디 보편성에 기인한 부동산개발윤리가 정립되어 관련 직종에 종사하는 많은 전문직들이 사회적으로 인정받는 시기가 앞당겨지기를 고대하는 바이다.

학습내용정리 Summary

01 개발업 종사자의 윤리적 수준은 업계의 윤리적 수준보다 낮은 것으로 분석되어, 업계의 관행이 종사자로부터 발생된 것임을 짐작할 수 있다.

02 부동산개발과정에서 타인의 비윤리적 행위로 인한 피해를 입은 경우가 상당한 것으로 나타났다.

03 응답자의 대다수가 비윤리적 행위로 피해를 입은 경우 이를 문제 삼지 않거나, 업계의 관행으로 치부하는 경우가 대부분이다.

예시문제 Exercise

01   부동산개발과정에서 비윤리적 행위의 발생원인은 주로 무엇에 기인하고 있는지 서술하시오.

02   타인의 비윤리적 행위로 인한 피해 발생시 어떠한 대응을 할 수 있을지 서술하시오.

03   부동산개발업 윤리 발전을 위한 제도적 대안으로 무엇을 들 수 있는지 설명하시오.

부동산개발업 윤리
발전 방안

01

제도개선 분야

　지금까지 살펴본 문헌들과 업계 종사자들의 견해가 제시된 설문조사 결과를 바탕으로 미력하지만 다음과 같은 분야별 부동산개발업 윤리 발전 방안을 제시해 보고자 한다. 향후 이를 토대로 보다 세심하고 정제된 개선방안들이 업계 및 학계를 통해 주도적으로 제시되어 주기를 희망한다. 세부 분야별 제안 내용은 다음과 같다.

　정부가 부동산개발업을 새로운 산업으로 육성하기 위해 소비자 보호와 부동산개발 시장의 투명화를 위하여 법 제16조 제1항에 "부동산개발업자와 부동산 개발 임직원은 환경친화적이고 지속 가능한 부동산개발과 소비자 보호를 위하여 노력하여야 한다"라고 규정하여 윤리경영의 기본이념을 법으로 규제하고 있으며 제2항에 "부동산개발업자는 「신의·성실의 원칙」에 따라 부동산개발업을 수행하여야 한다"로 규정하여 자율적으로 이 법률이 집행되기를 기대하고 있다. 이것은 윤리경영의 기본 틀을 법으로 규정하여 그동안 법률적으로 통제할 수 없었던 부동산개발사업자의 허위개발정보 제공 행위 등 불법행위에 대해 필요에 따라 처벌을 통해 소비자 보호를 하겠다는 강력한 의지를 엿볼 수 있을 뿐만 아니라 정부차원에서 부동산개발에 대한 모니터링시스템을 갖추어 부동산개발 시장의 투명화를 유도하여 부동산개발업을 지역 및 도시 발전을 위한 전략산업으로 육성하겠다는 강력한 의지 표명이라 하겠다.[1]

　이처럼 부동산개발업의 윤리의식은 법률로서 그 필요성을 재고하였고 부

1　신영석, 「부동산개발업과 직업윤리」, 한국부동산금융연구소.

동산개발업의 관리 및 육성에 관한 법률로 인하여 그 기준선을 정하고 있다. 반면 우리나라에서 부동산개발업의 윤리적 기반이 취약한 데는 나름대로의 이유가 있다고 생각한다. 제도개선 분야에서는 해당 이유를 점진적으로 소거해 나가는 방향으로 정비되고 발전되어야 할 것이다. 제도개선 분야와 관련하여 제안하는 사항의 배경과 주요 내용은 다음과 같다.

첫째, 부동산업이 영세하여 정상적인 절차로 사업을 수행하기가 어렵다는 것이다. 예컨대 부동산개발업의 경우를 예로 보면 연 매출 5억 미만의 사업자가 전체 사업자의 84%(통계청, 서비스업 통계보고, 2011)를 이루고 있다. 사업의 구도가 단기분양 위주의 사업을 할 수밖에 없으며, 개발금융 구조가 취약하여 대부분의 사업위험을 시공사에게 떠넘길 수밖에 없는 구조이다. 따라서 사업의 수행과정을 보면 그야말로 매일매일 현금흐름(cash flow)의 위기를 넘겨야 하는 살얼음판을 걷는 위험의 연속일 수밖에 없다. 이러한 현실에서 윤리를 논하기에는 무리가 있는 상황적 요인이 있다.

둘째, 잘못된 제도 때문이다. 예컨대, 부동산업의 각 직업별로 자격제도가 따로 있고, 이러한 법들은 진입장벽으로 작동하여 각 직업을 보호하게 된다. 이는 오히려 부동산업이 지향하는 원스탑 서비스인 종합산업화를 가로막는 요인이 되고 있다. 부동산가격 공시제도가 오히려 감정평가업계의 발전을 저해하고 감정평가사의 업무영역 확대에 걸림돌이 되고 있음은 안타까운 일이다. 오죽하면 부동산 개발의 사업성평가를 회계 법인이 수행하기까지에 이르렀는지에 대한 업계의 반성이 필요한 대목이다. 손쉽게 돈을 벌 수 있는 단순한 업무에 안주하다 보면 결국 자신의 고유한 업무 영역까지도 지킬 수 없다는 것은 가까운 미래에 우리가 치러야 하는 대가이기도 하다.

셋째, 시장의 징벌적 메커니즘이 제대로 작동하고 있지 못하기 때문이다. 분명한 위법행위에 대해서는 법적인 제재가 가해지지만, 비윤리적 행위나 잘못은 용인되기 일쑤이며 혁신적인 방법을 사용한 노력이 시장에서 제대로 평가받지 못하거나 위법으로 징계를 받는 경우가 비일비재하기 때문이다. 그러면 어떻게 해야 부동산업의 윤리적 기반을 확고히 하고 직업인으로서 윤리적인 행동에 이르게 할 수 있을 것인가 대안이 필요하다. 우선 개인적 차원에서 보면 직업인으로서의 자긍심을 갖도록 노력해야 할 것이다. 그렇게 하기 위해서는 올바른 인생관과 도덕심의 함양이 필요하다. 특히 지성뿐만 아니라 감성도 풍부하게 발전시켜야 한다. 사회봉사를 통해서 우리가 몸담고 있는 사회구성원에 대한 이해와 배려심을 함양해야 한다. 적어도 주변의 사람들에 대한 관심을 가져야 한다. 그래야 내가 잘못한 업무관행이나 비윤리적인 행동이 사회에 끼칠 해악을 몸소 체득하게 될 수 있다. 이는 곧 소비자나 투자자를 위한 적극적인 문제해결 노력으로 이어질 것이며, 직업인으로서의 사회적 책임의식과 자긍심을 고양할 수 있을 것이고, 유혹에도 흔들리지 않는 심성을 가지게 할 수 있다.

또한 개인적 차원에서 끊임없이 신기술을 개발하고 적용하려는 적극적인 자세와 소비자 문제를 해결하려는 적극성을 함양토록 해야 할 것이다. 전문성이 없다면 직업인으로서의 자긍심은 애초부터 생기지 않을 것이기 때문이다. 집단적 차원에서 보면 우선 협회를 중심으로 한 자율규제 제도를 만들고 이를 철저하게 지키도록 할 필요가 있다. 다수의 해외 관련 전문협회들이 윤리강령과 행동준칙을 만들고 이를 위반하는 회원들을 제명함으로써 회원으로서의 자긍심을 가지도록 회원관리를 철저히 하는 것도 좋은 모범이라고 생각된다. 특히 이러한 윤리강령들은 매년 구체적인 사례로 보완되고 우수사례들을 전파함으로써 구체적이고 반복적인 교육을 하고 있는 것은 참고할 만하다.

아울러 관련 협회 차원에서는 시장분석과 새로운 금융기법들을 적극적으로 회원들에게 교육시키고 전파함으로써 직업인으로서의 전문성과 자긍심을 가지도록 해야 한다. 제도적 차원에서 보면, 전문성에 대한 충분한 인식과 보상이 이루어지도록 해야 할 것이다. 업무의 내용과 전문성에 따라서 보상이 이루어지도록 업무별 시간, 인력, 전문성의 투입 정도에 따라 수수료가 정해지도록 표준 업무분석에 입각한 보수체계가 마련되어야 한다. 그리고 일반 소비자나 투자자에 대해서 사업의 내용을 정기적으로 공시토록 하고 회사의 구성원에 대해서는 개인적 이력이나 전과 사실까지도 공개토록 함으로써 회사와 사업의 투명성에 기초한 공신력을 확보해야 한다.

이처럼 부동산개발업 전문직의 윤리의식을 강화시키기 위한 대안으로서 전문성을 검증함과 그에 따른 윤리적 행동에 따른 보상이 이루어지게 하는 것은 전문직 스스로 하여금 부동산개발업의 윤리의식을 지킬 수 있게 하는 원동력이 될 수 있다. 전문직에 대한 검증과 그에 합당한 보상을 제도화한다면 전문직이 자발적으로 직업윤리를 지키게 될 것이고 그에 따른 효과로 건전한 부동산개발업의 결과를 바탕으로 일반 소비자나 투자자의 인식이 변화하여 국가적 신뢰를 받는 선진국의 부동산개발업으로 발전할 수 있다고 판단한다.

통계청(2015) 기준 가구자산 비율의 경우 가구당 약 73.5%가 실물자산이며 그 가운데 부동산이 약 93%를 차지한다.[2] 즉 우리나라 국민들의 자산 구조는 부동산이라는 실물자산에 과중하게 편중되어 있다. 이로 인해 부동산개발업종의 직업윤리의식이 무엇보다 중요시 되어야 한다. 또한 부동산개발업 전문직으로 종사하는 모든 인력은 전문직으로서의 업무에 대한 무게와 그 윤리관이 반드시 확립되어야 할 것이다.

우리나라의 부패인식수준에 대한 국제사회 인식은 경제수준이나 국가경쟁력을 감안하면 저평가된 상태이다. 2015년 국제투명성기구의 우리나라 부패인식지수(CPI)는 100점 만점에 56점으로 168개국 중 37위로 나타났다. 2016년 기준으로 최근 5년간 경제협력개발기구(OECD) 회원국 기준 순위는 34개국 중 27위로 우리나라 기업인 또는 전문가가 바라보는 윤리적 인식이 부정적인 수준이라는 걸 보여준다. 홍콩 정치경제 위험자문공사(PERC)의 2016년 아시아 부패지수에 따르면, 한국의 부패지수는 전년에 비해 소폭 개선되었으나 다른 아시아 선진국에 비해 낮은 수준으로 조사되었다. 이러한 인식은 고도 경제성

---

2 건국대학교 부동산·도시연구원 케빈정/알에이케이 투자윤리연구센터, 「부동산 산업의 윤리」, 건국대학교출판부, 2016.

장과 더불어 실물자산에 대한 부동산 자산의 편중이 심한 우리나라의 경우 부동산개발업이 가지는 부동산 관련 산업 중에서의 중요도를 감안할 때 심각한 문제가 아닐 수 없다.

　　부동산업이 잘 발달된 선진국의 부동산업계를 보면, 우선 건전한 투자시장으로 정착되어 있으며 국민의 신뢰를 바탕으로 지속가능한 산업으로 발전하고 있음을 알 수 있다. 건전한 투자시장이란 부동산사업의 구도가 단기 차익형이 아닌 장기 수익형에 기반을 두고 있으며, 과학적인 시장분석과 예측을 기본으로 하여 예측하지 못한 위험들에 대해서는 다양한 리스크 절감 장치와 보증 장치로 방어하고 또한 공시의무 준수 등 투자자나 의뢰인이 신뢰할 수 있도록 경영을 투명화하고 있음을 의미한다.

　　한편, 국민의 신뢰기반을 구축하기 위해 직업군별로 협회를 중심으로 상세한 윤리강령의 제정과 행동강령을 준수토록 자율규제가 이루어지고 있다. 특히 소비자(혹은 투자자) 문제 해결에 각별한 관심을 가지고 응하고 있으며, 생태와 환경, 심지어 문화까지도 아우르는 공간의 개발과 공급을 통해 사업의 성공은 물론 지역사회의 건전한 발전에 기여하는 고급 비즈니스로서의 이미지를 심어가고 있음을 알 수 있다. 결국 개인적 차원에서나 협회의 차원에서 사명감과 긍지를 가지고 업무에 임할 필요가 있음을 시사하고 있다.[3]

3　조주현, 「부동산업과 직업윤리」, 부동산 포커스, 2014.

02
상벌 분야

　　부동산개발업의 직업윤리에 따른 자발적인 준수를 위한 행정적 보상제도 수립과 비윤리적 전문직의 행동에 따른 형벌 규정을 조속히 확립해야 한다. 이는 부동산개발업의 신뢰도 회복에 큰 영향을 미칠 것으로 판단된다. 부동산개발업의 관리 및 육성에 관한 법률 제5조에 따르면 부동산개발업의 전문인력은 다음 자격을 갖춘 자만이 할 수 있다고 규제하고 있다. 부동산개발업의 관리 및 육성에 관한 법률 제5조(부동산개발 전문인력의 범위와 교육 등) 각 항의 내용은 다음과 같다.

① 제4조 제2항 제2호에 따른 부동산개발 전문인력이란 다음 각 호의 어느 하나에 해당하는 자로서 대통령령으로 정하는 자격을 갖춘 자를 말한다.
　<개정 2011. 5. 19., 2013. 5. 22., 2018. 8. 14.>
　1. 변호사 · 법무사 · 공인회계사 · 세무사 · 감정평가사 · 공인중개사 · 건축사
　2. 부동산 관련 분야의 학사학위 이상의 소지자로서 부동산의 취득 · 처분 · 관리 · 개발 또는 자문 관련 업무에 종사한 자
　3. 「건설기술 진흥법」 제2조 제8호에 따른 건설기술인
　4. 그 밖에 부동산개발에 필요한 전문성이 있다고 인정되는 자로서 대통령령으로 정하는 자

② 제1항에 따른 부동산개발 전문인력은 부동산개발에 필요한 사전교육을 받아야 한다. 이 경우 교육기관, 교육과정, 사전교육의 면제대상, 그 밖에 필요한 사항은 대통령령으로 정한다. [시행일: 2018. 12. 13.] 제5조[4]

4　국가법령정보센터(http://www.law.go.kr), 부동산개발업의 관리 및 육성에 관한 법률.

부동산개발업의 전문인력이 되기 위해서는 법률 규정에 의한 자격요건이 충족된 자만이 그 전문인력이 될 수 있다. 하지만 실직적인 개발업에 있어서 자격요건이 충족되어 있지만 실무에 효과적이지 못한 경우가 빈번하게 발생한다. 즉 부동산개발업의 전문인력의 자격요건은 현황을 유지하면서 그 실무능력 평가 및 갱신 제도를 도입하여 국민 재산의 93% 비중의 부동산을 개발하는 전문직의 입지를 더욱 공고히 하고 전문직 유지를 위한 노력이 강화되면서 따르는 보상을 통해 직업윤리를 고착화시키는 제도적 측면의 보완을 통하여 그 신뢰를 재확립할 수 있다.

전문직은 사회의 중심적 가치와 관련이 깊은 문제에 대하여 일련의 체계적 지식을 응용하는 직업[5]으로 일반인은 행할 수 없는 업무에 특정되는 인력을 말한다. 따라서 비전문인이 알거나 행할 수 없는 것을 다루기 때문에 전문직은 비전문직에게 윤리적으로 행동해야 하며 그들의 사유재산인 부동산을 다루는 전문직이면 더욱 윤리의식을 확립하고 스스로 윤리적인 행동을 통한 부동산 개발과 신의성실의 의무를 지키는 자세가 필요하다고 판단한다. 신의성실과 관련하여 부동산개발업의 관리 및 육성에 관한 법률 제16조(지속가능한 부동산개발과 신의성실의 의무 등)는 다음과 같이 규정하고 있다.

① 부동산개발업자와 부동산개발업자의 임직원(이하 "부동산개발업자등"이라 한다)은 환경 친화적이고 지속가능한 부동산개발과 소비자 보호를 위하여 노력하여야 한다.
② 부동산개발업자 등은 신의성실의 원칙에 따라 부동산개발업을 수행하여야 한다.[6]

전문직이 신의성실의 의무를 지켜야 하고 부동산개발업자 등은 소비자를

---

5 건국대학교 부동산·도시연구원 케빈정/알에이케이 투자윤리연구센터, 「부동산 산업의 윤리」, 건국대학교출판부, 2016.
6 국가법령정보센터(http://www.law.go.kr), 부동산개발업의 관리 및 육성에 관한 법률.

보호하기 위해 노력해야 하는 이유는 앞서 설명한 것처럼 그들이 전문직으로서 비전문인에게 물리적, 경제적 손해를 입힐 가능성이 있기 때문이다. 아는 자와 모르는 자 사이의 차이는 전문직이 윤리적 행동을 통하여 비전문인에게 공개하여 검증된 전문인력의 모습과 신뢰받는 부동산개발업의 모습을 확립할 수 있을 것이다.

한국의 일반적인 부동산개발업 현장에서 시행사는 자금력이 부족하여 대형 시공사에 의존하게 되고 그에 따라 부동산개발 자체는 시공사 중심으로 진행되고 있다. 그에 따른 모든 기준은 시공사의 힘이 강력하게 작용할 수밖에 없다. 분양가 산정에서부터 모든 부분이 자금력이 부족한 개발업계의 현황을 이유로 주먹구구식으로 비윤리적 개발이 자행되고 있는 것이다. 이를 해결하기 위한 제도적 방침이 조속히 확립되어야 할 것이며, 법률적인 제도로서 전문성 검증과 윤리의식 규범을 보상이라는 새로운 시각으로 바라봄으로써 전문직들의 자발적인 윤리의식 확립에 기여해야 할 것이다.

반대로 처벌규정 또한 강화하여 전문직의 위치에서 직업윤리에 태만하지 못하도록 하는 방안도 필요하다. 전문직이 양날의 검이라는 인식을 제도화하여 의무위반, 금지행위 등의 처벌 대상자에게는 행정적 자격 정지 처분 및 형사처벌의 가중처벌이 필수적으로 수반되어야 한다.

부동산개발업의 관리 및 육성에 관한 법률 제20조(금지행위)는 다음 사항을 금지하게 하고 있다.

① 부동산개발업자 등은 다음 각 호의 어느 하나에 해당하는 행위를 하여서는 아니 된다.
  1. 거짓 또는 과장된 사실을 알리거나 속임수를 써서 타인으로 하여금 부동산 등을 공급받도록 유인하는 행위
  2. 타인으로 하여금 그릇된 판단을 하게 하여 부동산 등을 공급받도록 유인할 목적으로 부동산개발에 대한 거짓 정보를 불특정다수인에게 퍼뜨리는 행위

3. 상대방이 부동산 등을 공급받을 의사가 없음을 밝혔음에도 불구하고 전화·모사전송·컴퓨터 통신 등을 통하여 부동산 등을 공급받을 것을 강요하는 행위

② 제1항은 부동산개발업자로부터 업무를 위탁받아 처리하거나 대행하는 자(그 임직원을 포함한다. 이하 같다)에게 준용한다.

위 금지 행위에 대하여 행정적인 처분으로 업무정지 또는 자격정지 처분을 법률로서 규제하고 있다. 하지만 업무 정지뿐만 아니라 해당 금지 행위나 피해를 유발한 전문인에 한하여 전문인의 특성을 고려하여 일반인보다 가중하여 처벌하는 형벌 규제를 도입해야 할 것이다.[7]

부동산개발업의 관리 및 육성에 관한 법률 제25조(부동산개발업의 등록취소)의 내용은 다음과 같다. 대표적인 벌칙 조항이다.

① 시·도지사는 등록사업자가 다음 각 호의 어느 하나에 해당하게 된 때에는 해당 부동산개발업의 등록을 취소하여야 한다.
  <개정 2008. 2. 29., 2009. 1. 7., 2013. 3. 23., 2020.02.18>[8]
  1. 거짓이나 그 밖의 부정한 방법으로 제4조에 따른 부동산개발업의 등록을 한 때
  2. 제6조 각 호의 어느 하나의 부동산개발업 등록의 결격사유에 해당하게 된 때. 다만, 부동산개발업자로 등록된 법인의 임원 중 부동산개발업 등록의 결격사유에 해당하는 자가 있는 경우 그 사유를 안 날부터 3개월 이내에 그 임원을 바꾸어 선임한 경우에는 그러하지 아니하다.
  3. 제9조 제1항을 위반하여 이중으로 부동산개발업의 등록을 한 때
  4. 제10조 제1항을 위반하여 타인에게 자기의 성명 또는 상호를 사용하여 부동산개발을 하게 하거나 자기의 부동산개발업등록증을 양도 또는 대여하는 행위를 한 때
  5. 영업정지기간 중에 부동산개발업을 영위한 때

---

7 국가법령정보센터(http://www.law.go.kr), 부동산개발업의 관리 및 육성에 관한 법률.
8 국가법령정보센터(http://www.law.go.kr), 부동산개발업의 관리 및 육성에 관한 법률.

6. 제20조 제1항 제1호 또는 제2호를 위반하여 영업정지처분을 받고 그 받은 날부터 5년 이내에 다시 제20조 제1항 각 호의 어느 하나를 위반한 때
7. 최근 3년 이내에 이 법에 따라 2회의 영업정지처분(6개월 이상의 영업정지처분의 경우는 1회)을 받고 다시 영업정지처분에 해당하는 행위를 한 때

② 시·도지사는 등록사업자가 다음 각 호의 어느 하나에 해당하게 된 때에는 해당 부동산개발업의 등록을 취소할 수 있다. <개정 2008. 2. 29., 2009. 1. 7., 2013. 3. 23., 2020. 2. 18.>
1. 제4조에 따른 부동산개발업의 등록요건에 미달하게 된 때. 다만, 일시적으로 등록요건에 미달하는 등 대통령령으로 정하는 경우에는 그러하지 아니하다.
2. 부동산개발업의 등록을 한 후 1년이 경과할 때까지 영업을 개시하지 아니한 때
3. 제24조 제2항에 따른 임직원의 해임 또는 징계의 요구에 따르지 아니한 때
4. 제17조에 따라 사업실적을 보고함에 있어서 고의 또는 중과실로 중대한 사실을 거짓으로 보고한 때

③ 제1항 또는 제2항에 따라 부동산개발업의 등록이 취소된 자는 국토교통부령으로 정하는 바에 따라 부동산개발업등록증을 시·도지사에게 반납하여야 한다. <개정 2008. 2. 29., 2013. 3. 23., 2020. 2. 18.>

④ 분실 등의 사유로 제3항에 따라 부동산개발업등록증을 반납할 수 없는 자는 제3항에도 불구하고 부동산개발업등록증 반납에 갈음하여 그 이유를 기재한 사유서를 시·도지사에게 제출하여야 한다. <개정 2008. 2. 29., 2013. 3. 23., 2020. 2. 18.> [시행일 : 2021. 1. 1.] 제25조[9]

어렵게 전문직의 자격요건을 충족하여 전문직 업무를 수행하나 그 업무에 있어서 부동산개발 직업윤리를 관철하며, 건전한 부동산개발 전문직의 모습을 함에 있어서 보상을 제도화하는 것은 충분한 원동력이 된다고 판단한다.

9 국가법령정보센터(http://www.law.go.kr), 부동산개발업의 관리 및 육성에 관한 법률.

또한, 그에 따른 철저한 윤리의식 준수는 당연시 되어야 하고 개인을 넘어 협회 측의 윤리의식 준수에 대한 자발적인 교육 및 홍보를 통해 발생해서는 안될 비윤리적인 결과에 대하여 강력한 처벌 규제를 입각해야만 전문직의 윤리의식도 유지되고 강화될 것으로 생각한다.

03

홍보 분야

    부동산개발업 직업윤리의식 발전을 위한 홍보는 학계 및 실무계를 통해 복합적으로 구축해야 한다. 부동산개발업 전문직은 해당 직종에 종사하면서 이루어낸 성과가 전문성의 검증과 직업윤리의 준수 유무를 판단할 수 있는 좋은 수단이 된다. 입주자의 니즈를 충족시키며 구조적 결함 없는 시공, 자금 확보 및 수익 배분의 과정까지 전문직을 홍보하는 데 가장 효과적인 수단은 당해 개발의 결과물이다.

    따라서 실무계를 통한 홍보 수단은 국가에 부동산개발사업자 등록을 통한 기존 사업자 관리 시스템을 이용하여 앞서 설명한 전문성 갱신 제도를 도입함과 동시에 그 전문성을 갱신하는 기준을 업무의 결과로 판단하여야 할 것이다. 건전성을 확보한 부동산개발업 전문인력을 국토교통부장관에게 등록하게 하고 그 결과를 국토교통부에 송부하여 전문인력의 성과에 대한 차등 보상 관리 및 홍보를 수반시킨다면 전문직의 윤리의식 준수에 따른 신뢰성 있는 홍보가 가능할 것이라 판단한다.

    즉, 전문인이 등록을 받는 국토교통부의 기존 등록 시스템에 홍보기능을 추가하면 국가보증의 효과적인 홍보가 가능하게 될 것이다. 전문인은 제도적인 직업 유지와 직업윤리 준수의 보상에 따른 상호유기적인 부동산개발업의 건전한 개발 결과물을 바탕으로 국가적 차원에서도 근거 있는 전문직을 추천, 홍보할 수 있음으로 부동산개발업의 신뢰도 개선에 큰 효과를 보일 것으로 생각된다.

학계에 의한 홍보는 전국의 대학 및 부동산개발 관련 교육 기관을 통한 부동산개발업의 전문직의 윤리교육을 실시 및 강화하는 것으로 윤리의식 준수의 발전을 위한 홍보를 할 수 있다고 생각한다. 특히 관련 학술단체들의 협조를 통해 장기적인 부동산 개발윤리 교육 방안에 대한 로드맵을 수립하고, 체계적인 시행을 통해 이를 실현해나가야 할 것이다. 더불어 부동산개발업과 관련한 인재를 양성하는 학교의 관련학과에서는 부동산 개발윤리를 교육과정에 포함하도록 독려해야 할 것이다.

부동산개발업체에 취업을 희망하거나 진출을 원하는 자는 개정된 법률로 인하여 조기에 부동산개발업의 전문직이 갖춰야 할 직업윤리 의식을 확립시키고, 나아가 건전한 부동산 개발 전문직의 양성을 위하여 개발업자 자격요건 충족 이전이라도 부동산개발 관련 학계를 통해 윤리의식의 중요성을 강조한다면 그 전문직이 됨에 있어서 윤리의식 양성에 충분한 기여를 할 것으로 보인다.[10]

---

10 신영석, 「부동산개발업과 직업윤리」, 한국부동산금융연구소.

04
교육 분야

　부동산개발업 전문직은 부동산개발 전문인력으로 규정된다. 당사자는 해당 법률에 의한 전문인력의 범위에 해당하는 자를 말한다. 자격요건을 충족한 자에 한하여 사전교육을 이수하게 한다. 이 사전교육 내용에 포함된 직업윤리교육의 중요성을 대상자들에게 확실하게 교육시키기 위해선 사전교육에 윤리교육의 범위확대와 그에 대한 윤리준수에 따른 전문직의 수수료 보상 및 처벌규정 강화로 교육의 중요성을 교육자 스스로 깨우칠 수 있는 기회를 마련해야 한다.

　부동산개발업의 관리 및 육성에 관한 법률 제5조 2항에 따르면 부동산개발 전문인력은 부동산개발에 필요한 사전교육을 받아야 한다. 이 경우 교육기관, 교육과정, 사전교육의 면제대상, 그 밖에 필요한 사항은 대통령령으로 정한다.[11]

　현재 부동산개발에 필요한 사전교육은 법률로서 다루어지고 있다. 하지만 윤리 교육은 배제되고 있으며 윤리의식의 준수를 규범하는 법률 조항도 신의성실의 원칙을 준수하라는 넓은 의미의 규제만이 존재할 뿐이다. 부동산 개발 전문인력이라는 전문직의 명확한 정의와 개념을 인식하게 하고 전문직으로서 부동산개발업을 영위하는 사람들은 그에 상응하는 윤리 교육이 필요하다는 것을 알게 할 필요성이 있다. 이를 위해 부동산개발업에 관한 사전교육을 시행하는 동시에 필수적으로 전문직 윤리 교육 이수를 반드시 요구하는 법률제도

11　국가법령정보센터(http://www.law.go.kr), 부동산개발업의 관리 및 육성에 관한 법률.

를 도입해야 함이 마땅할 것이다.

부동산개발업 전문직은 신중함이 요구되고 그에 따라 본인들이 하는 전문직의 업무가 얼마나 중요한지를 스스로 느끼게 하는 최선의 방법은 앞서 설명한 법률적 보상 및 법률적 처벌강화이다. 보상과 처벌강화 등 부동산 개발 전문인력의 신뢰도를 개선할 대책이 강구된다면 이를 교육시킬 필요는 당연한 것이다. 따라서 국토교통부장관의 부동산개발업 등록의 절차에서 등록전 반드시 직무교육과 윤리교육을 동시에 실시하게 규정해야 그 효력이 있을 것으로 판단된다. 부동산개발 전문인력 사전교육에서 가장 먼저 3시간 동안 교육하는 것이 부동산개발업의 직업윤리다. 하지만 교육시간이 개발에 관한 법률 교육에 비하면 최대 4배 적게 교육하고 있다. 이는 직업윤리를 갖도록 공지하는 수준의 실정으로 장기적으로 부동산개발업의 신뢰도 문제를 개선하려는 노력에 비추어 볼 때 전문직의 직업윤리를 크게 중요시 하지 않고 있다고 볼 수 있다.

국토교통부는 부동산개발 전문인력 등록을 희망하는 자에 한하여 그 직종의 직업윤리가 중요시 되는 사유를 교육하고 나아가 건전한 부동산개발업과 그 전문직의 신뢰 및 전문성을 확립하기 위해서 직업윤리 교육을 더욱 전문화하여 시행할 필요가 있다. 따라서 전문직의 직업윤리를 충분한 교육을 통하여 그 중요성과 책임을 분명하게 교육시켜야만 스스로 하여금 윤리의식규범을 인지하고 그에 맞는 전문직의 의무를 다하게 될 것이다.

교 과 목	교 육 내 용	시 간
부동산개발업과 직업윤리	• 개발인의 윤리 관련 제도해설 • 개발인의 윤리행동 실제 적용사례	3H
부동산개발업의 관리 및 육성에 관한 법률 해설	• 부동산개발업의 관리 및 육성에 관한 법률 해설	3H
부동산개발업자의 역할과 기능	• 부동산개발업자의 역할 • 변화하는 부동산시장에서의 개발과 관리전략	3H
부동산개발 관련 공법	• 부동산공법의 구조 및 법률체계 • 국토의 계획 및 이용에 관한 법률 • 택지개발촉진법 • 도시개발법 • 농지법, 산지관리법 • 주택법 • 건축법 • 도시 및 주거환경정비법	12H
부동산개발 관련 조세 및 회계	• 부동산관련 조세체계 개요 • 부동산개발관련 세무 해설 • 개발이익 환수에 관한 법률 • 부동산개발 관련 회계 실무	6H
부동산개발사업의 리스크 관리	• 리스크의 개념 • 개발사업의 리스크 Factor 및 리스크 관리대상 • 잠재 우발 Risk 증가요인 • 실제 발생시 대응사례	3H
부동산개발사업의 입지 및 타당성 분석	• 입지분석의 유형과 설정원칙 • 상권분석 FLOW, 분석모델 및 조사분석 기법 • 시장환경분석 • 수익성 및 재무적 타당성분석 기법	8.5H

부동산개발사업의 기획과 마케팅	• 부동산개발사업기획 • 부동산개발마케팅의 기본 이해 • 부동산 광고기법 및 실무 • 부동산 분양가 및 임대가 산정기법 사례 • 테마별 부동산마케팅 및 분양전략 사례	4H
부동산개발 금융과 자금조달기법	• 개발금융의개요 및 기초이론 • 자금수지분석, 타당성분석, 현금흐름분석 • 부동산개발사업 자금조달 • 금융기관 금융상품 조달 주요 체크포인트 및 보유자산 운영관리	6H
부동산개발사업의 시행절차 및 사례	• 시설별 사업추진 절차 • 시행추진상 법률실무 • 시설별 시행사례 • 부동산개발 프로젝트의 각종 성공 실패사례 연구 • 조별 실습과제 발표	8.5H
종합평가 및 수료	• 조별 실습과제 평가 • 평가시험 실시 • 수료증 발급 및 수료식 거행 등	2H

자료: 2018 부동산개발 전문인력 사전교육, 한국부동산개발협회(국토교통부지정)

01 통계청(2015) 기준 가구자산 비율의 경우 가구당 약 73.5%가 실물자산이며 그 가운데 부동산이 약 93%를 차지한다. 즉, 우리나라의 국민들의 자산 구조는 부동산이라는 실물자산에 과하게 편중되어 있다.

02 다수의 해외 관련 전문협회들이 윤리강령과 행동준칙을 만들고 이를 위반하는 회원들을 제명함으로써 회원으로서의 자긍심을 가지도록 회원관리를 철저히 하는 것도 좋은 모범으로 여겨진다.

03 부동산개발업 전문직의 윤리의식을 강화시키기 위한 대안으로서 전문성을 검증함과 그에 따른 윤리적 행동에 따른 보상이 이루어지는 것으로 전문직 스스로 하여금 부동산개발업의 윤리의식을 지킬 수 있게 하는 원동력이 될 수 있다.

04 건전한 투자시장이란 부동산사업의 구도가 단기 차익형이 아닌 장기 수익형에 기반을 두는 것을 말하며 법률적 검토, 공시의무 준수 등 투자자나 의뢰인이 신뢰할 수 있는 투명한 시장을 말한다.

05 윤리의식 준수의 발전을 위한 홍보로서 관련 학술단체들의 협조를 통해 장기적인 부동산 개발윤리 교육 방안에 대한 로드맵을 수립하고, 체계적인 시행을 통해 이를 실현해나가야 한다.

예시문제 Exercise

01 부동산개발업의 제도개선과 관련하여 윤리적 기반이 취약한 이유와 윤리적 기반을
    확고히 할 수 있는 방안에 대해 각각 서술하시오.

02 건전한 투자시장에 대하여 설명하시오.

03 부동산 개발 전문인력 사전교육의 교과목은 무엇이 있는지 서술하시오.

APPENDIX

부록

설문조사 개요

1. 기간: 2018. 8.1-8.30

2. 대상: 부동산개발업 관련 실무 전문가 55명

3. 응답자 개요

구분	표본수	평균경력기간
시공사	10	
시행사	7	
컨설팅회사	6	
설계 및 엔지니어링회사	6	
재개발 및 재건축 등 조합	5	
분양대행 및 마케팅회사	5	
금융기관	6	
신탁회사	5	
관련분야 공무원	3	
기타(법률서비스 등)	2	
합계	55	

4. 주요 설문 항목 및 내용

    1) 업무종사 분야   2) 경력기간

    3) 부동산개발사업 참여 횟수   4) 부동산개발업 윤리 인지여부

    5) 부동산개발업 윤리의 필요성   6) 윤리적 갈등상황

    7) 비윤리적 행위 경험   8) 비윤리적 행위 원인

    9) 비윤리적 행위 결과

   10) 향후 또다시 해당 상황에 직면한다면

   11) 부동산개발과정에서 타인의 비윤리적 행위로 피해를 본 경험

   12) 당시의 대처는?

   13) 부동산개발업 윤리의 필요성 공감 정도

   14) 부동산개발업 윤리의 발전 방안

   15) 부동산개발업에 있어 비윤리와 불법의 구분

〈그림 4-1〉 부동산개발과정에서의 참여자 윤리에 관한 설문조사_1

부동산개발과정에서의 참여자 윤리에 관한 경험에 관해 연구를 진행하고 있습니다. 다음에 제시하는 설문에 대하여 응답을 부탁드립니다. 설문조사 내용은 연구의 목적으로만 사용되며 익명성이 보장됩니다. 감사합니다.

[응답자 특성]

1. 귀하의 성별은?　　　1) 남성　　　　2) 여성

2. 귀하의 연령은?　　　_____세

3. 귀하가 경험하신 부동산개발관련 분야는 어떤 분야입니까?

　　1) 시공사
　　2) 시행사
　　3) 컨설팅회사
　　4) 설계 및 엔지니어링회사
　　5) 재개발 및 재건축 등 조합
　　6) 분양대행 및 마케팅회사
　　7) 금융기관
　　8) 신탁회사
　　9) 관련분야 공무원
　　10) 기타

4. 귀하의 부동산개발관련 업종 종사기간은 얼마나 되십니까?　　_____년

5. 귀하가 경험하신 부동산개발관련 사업은 몇 건입니까?　　_____건

〈그림 4-2〉 부동산개발과정에서의 참여자 윤리에 관한 설문조사_2

[부동산개발윤리에 대한 인식정도]

6. 귀하는 부동산개발윤리에 대하여 알고 계십니까?

   1) 전혀 모른다
   2) 모르겠다
   3) 보통이다
   4) 알고있다
   5) 잘 알고있다

7. 귀하가 생각하시는 부동산개발과정에서 윤리의 필요성에 대하여 공감하시는 정도를 표시하
   여 주시기 바랍니다.

   적극 반대 ‥‥‥‥‥‥‥‥‥‥‥‥‥‥‥‥‥‥‥‥‥‥‥‥‥‥‥ 적극 찬성
       1   2   3   4   5   6   7

8. 귀하가 경험하신 부동산개발업계의 윤리적 수준은 어느 정도라고 생각하십니까?

   매우 낮다 ‥‥‥‥‥‥‥‥‥‥‥‥‥‥‥‥‥‥‥‥‥‥‥‥‥‥‥ 매우 높다
       1   2   3   4   5   6   7

9. 귀하가 경험하신 부동산개발업 종사자의 윤리적 수준은 어느 정도라고 생각하십니까?

   매우 낮다 ‥‥‥‥‥‥‥‥‥‥‥‥‥‥‥‥‥‥‥‥‥‥‥‥‥‥‥ 매우 높다
       1   2   3   4   5   6   7

〈그림 4-3〉 부동산개발과정에서의 참여자 윤리에 관한 설문조사_3

[부동산개발윤리에 대한 경험]

10. 귀하는 부동산개발과정에 참여하시면서 윤리적 갈등상황을 경험하신 적이 있습니까?

    1) 있다   2) 없다   3) 잘 모르겠다

11. 귀하는 부동산개발과정에 참여하시면서 비윤리적 행위를 보았거나 겪어보신 경험이 있습니까?

    1) 있다   2) 없다   3) 잘 모르겠다

12. 귀하께서는 부동산개발과정에서 비윤리적 행위가 발생하는 원인이 무엇이라고 생각하십니까?

    1) 개인적 이익 추구
    2) 조직의 이익 추구
    3) 업계의 관행 및 풍토
    4) 업역의 특성
    5) 부동산개발윤리 미 정립
    6) 기타 (_____)

13. 귀하께서는 부동산개발과정에서 비윤리적 행위가 발생한 경우 어떠한 결과를 경험하셨습니까?

    1) 비윤리적 행위 당사자의 개인적 이익 실현
    2) 비윤리적 행위 당사자가 속한 조직의 이익 실현
    3) 잘 모르겠다
    4) 기타 (_____)

14. 귀하께서는 부동산개발과정에서 타인의 비윤리적 행위로 피해를 본 경험이 있습니까?
    1) 있다   2) 없다   3) 잘 모르겠다

〈그림 4-4〉 부동산개발과정에서의 참여자 윤리에 관한 설문조사_4

[부동산개발윤리에 대한 경험]

15. 귀하께서는 부동산개발과정에서 타인의 비윤리적 행위로 피해를 입은 경우 어떻게 대응하셨습니까?

    1) 비윤리적인 행위에 대하여 상대방에게 반대의견을 강하게 제시하였다.

    2) 비윤리적인 행위에 분노하였지만 문제 삼지 않았다.

    3) 업계의 관행으로 이해하고 그러려니 하고 받아들였다.

    4) 비윤리적인 행위에 대하여 관계 사법기관에 제보하였다.

    5) 또다시 비윤리적 행위로 인한 피해를 입지 않기 위해 대책을 마련하였다.

    6) 기타 (_____)

16. 향후 또 다시 부동산개발과정에서 타인의 비윤리적 행위로 인해서 본인의 피해가 발생하게 될 상황이 직면하게 된다면 어떻게 대응하시겠습니까?

    1) 보다 적극적인 비윤리적 행위를 통해 해당 상황을 모면하려고 노력한다.

    2) 윤리적인 행위를 통해 해당 상황을 돌파하고자 노력한다.

    3) 객관적인 판단이 가능한 제3의 기관에 해당 사실을 제보한다.

    4) 더 이상의 피해를 입지 않기 위해 가능한 모든 방안을 활용한다.

    5) 비윤리적 행위를 하고 있는 상대방과 타협하여 해당 상황을 타파한다.

    6) 기타 (_____)

17. 귀하께서 경험하신 부동산개발 윤리의 갈등상황에 대하여 구체적인 사례를 기술하여 주시기 바랍니다.

〈그림 4-5〉 부동산개발과정에서의 참여자 윤리에 관한 설문조사_5

[부동산개발업 윤리의 필요성에 대한 제언]

18. 귀하께서 경험하신 부동산개발업 관련 업무에 필요한 부동산개발윤리의 필요성에 대하여 공감하시는 정도를 표시하여 주시기 바랍니다.

매우 낮다 ·· 매우 높다

| 1 | 2 | 3 | 4 | 5 | 6 | 7 |

19. 귀하께서는 생각하시는 부동산개발업 윤리 발전을 위해 도입해야 하는 제도적 대안이 있다면 표기하여 주시기 바랍니다. (복수응답 가능)
    1) 부동산개발업 종사자들에 대한 윤리교육 의무 실시
    2) 부동산개발업 윤리 위반자에 대한 제제방안 마련
    3) 비윤리적 참여주체(개인 및 법인, 단체 등)에 대한 경쟁기회 박탈
    4) 부동산개발 윤리에 대한 홍보 강화
    5) 부동산개발 윤리에 대한 기준 제정
    6) 비윤리적 행위에 대한 사법처리 연계방안 입법 노력
    7) 기타 (_____)

20. 귀하께서 생각하시는 부동산개발업에 있어 비윤리와 불법의 구분 기준은 무엇입니까?
    1) 현행법령
    2) 업계관행
    3) 비윤리의 수준 및 정도
    4) 비윤리적 행위를 통한 편취한 금액
    5) 당해 부동산개발사업 참여자들의 평가
    6) 기타 (_____)

21. 부동산개발윤리가 정착된다면 사업비 절약 효과가 몇 %나 될 것으로 추정하십니까?
    사업비 전체의 _____%

〈그림 4-6〉 부동산개발과정에서의 참여자 윤리에 관한 설문조사_6

참고문헌

건국대학교 부동산·도시연구원 케빈정/알에이케이 투자윤리연구센터, 「부동산 산업의 윤리」, 건국대학교출판부, 2016.

김민남, 「도덕발달의 철학」, 교육과학사, 1985.

김성용, 「부동산개발은 왜 윤리적이여야 하는가」, 부동산114 전문가 칼럼, 2017.

김수현, 「부동산개발업자의 직업 윤리의식 조사·분석과 정책적 함의」, 서울시립대학교 도시과학대학원, 석사학위 논문, 2010.

김홍진, 「토지보상금을 노린 기상천외한 알박기 수법」, MK부동산 전문가칼럼, 2014.

노태욱 외, 「부동산윤리」, 부연사, 2008.

박재린 외, 「기업윤리론: 21세기 윤리경영의 시대」, 무역경영사, 2003.

배장오, 「임대아파트 거주자의 주거만족에 관한 연구」, 한국부동산학회, 2014.

법무법인다정, 「부실공사-아파트벽 0.3 mm 균열에 대한 손배책임 판례」, 다정 법률상담소(법무법인 새서울), 2011.11.21., https://lawheart.kr/print.php? bo_table=B53&wr_id=202.

부동산개발 전문인력 사전교육, 한국부동산개발협회, 2018

부동산개발업기본정보, 국가공간정보포털, 2018, http://www.nsdi.go.kr/lxportal.

부동산개발업의 관리 및 육성에 관한 법률, 국가법령정보센터, 2018, http://www.law.go.kr.

서비스업 통계보고, 통계청, 2011, http://kostat.go.kr/portal/korea/index.action.

서비스업_시도/산업/종사자규모별 현황, 통계청, 2006~2016, http://kostat.go.kr/portal/korea/index.action.

신영석, 「부동산개발업과 직업윤리」, Issue Focus2, 2011.

신은정·유선종, 「감정평가법인 윤리풍토의 영향요인에 관한 연구」, 부동산연구, 제27집 제3호, 2017.

안정근, 「현대부동산학」, 양현사, 2009.

윤영식, 「부동산개발론」, 교육과학사, 2014.

윤정득, 「부동산개발업과 직업윤리: 부동산개발 전문인력 사전교육교재 1편」, 한국부동산개발협회, 2009.

윤정득·이창석, 「부동산개발업과 부동산윤리에 관한 일고」, 한국부동산학회, 부동
　　산학보 제36집, 2009.

이관춘, 「직업은 직업이고 윤리는 윤리인가」, 학지사, 2013.

이종규, 「부동산 개발사업의 이해」, 부연사, 2011.

이종영, 「기업윤리: 윤리경영의 이론과 실제」, 삼영사, 2007.

이창석, 「부동산윤리와 철학」, 형설출판사, 2010.

임병섭·김재원, 「포항시, 보경사단지 도로 개인토지 보상금 20여 년간 지급 안 해」,
　　일요신문, 2017.02.04.

정승화·신은정, 「MCT를 이용한 공인중개사의 도덕적 판단력에 관한 연구」, 부동
　　산·도시연구, 제10권 제2호, 2018.

정하균, 「한국토지주택공사 OO단지 내·외벽 균열 심각, 부실시공 의혹」, 베타뉴
　　스, 2018.08.22.

조주현, 「부동산업과 직업윤리」, 부동산 포커스, 2014.

조주현, 「부동산학원론」, 건국대학교출판부, 2010.

최종고, 「법과 윤리」, 경세원, 1992.

추정훈, 「윤리의 본질과 직업윤리」, 형설출판사, 2003.

한국표준산업분류표상 부동산업의 분류, 통계청, 2018, http://kostat.go.kr/portal/
　　korea/index.action.

황종규·조주현, 「부동산개발업자의 개발윤리에 관한 고찰」, 부동산·도시연구, 제
　　9권 제1호, 2016.

2001. 02. 23. 대법원 판결 99다61316

Gustav Radbruch, 「법철학」, 삼영사, 2016.

Eric R., Robin P., 「A Conceptual Model of Corporate Moral Development」,
　　Journal of Business Ethics, 10(4), pp.273－284, 1991.

J. Piaget, 「Bioligt and knowledge」, The University of Chicago Press, 1971.

Kohlberg, L., 「The development of Moral Thinking and Choice in the Tears,
　　10 to 16」, University of Chicago, pp.151－284, 1958.

Larry E. Wofford, Terrence M. Clauretie, 「REAL ESTATE」, John Wiley & Sons,
　　1992.

Martin Lee., Nancy Yoshihara, 「On The Approaching Rule of China in Hong

Kong」, Los Angeles Times Interview, May 04, 1997.

Miles, Mike E., Berens, Gayle, Eppli, Mark J., 「Real Estate Development」, Urban Land Institute, 2007.

색인

케빈정/알에이케이 투자윤리연구센터

2015년 10월, 건국대학교 부동산 · 도시연구원 산하에 ㈜알에이케이자산운용과 그 회사의 회장인 케빈정의 기부를 받아 설립(2018년 기준 기부금 총액 5억원)

본 센터는 우리나라에서 최초로 부동산 투자와 부동산 경영 활동의 투명성을 제고하기 위해 설립된 연구기관임

본 센터는 부동산 투자운용 전문가 및 부동산산업 종사자들의 직업윤리를 고취하기 위해 지속적으로 노력하고 있음

본 센터의 연구를 바탕으로 건국대학교 부동산학과와 부동산대학원은 미래의 부동산산업 종사자와 현업 종사자들의 직업윤리 함양을 위한 활동을 연구, 교육, 지원하고 있음

• 부동산산업 윤리 과목 운영과 개발비용 및 윤리 특강 지원
• 석좌교수 및 담당 교수진 지원
• 부동산학과 교수와 부동산학과 학생(학부, 석사, 박사)의 부동산산업 윤리 관련 해외연수와 컨퍼런스 참석 지원
• 부동산산업 윤리 어젠다 확산을 위한 연구 및 출판 지원과 장학금 지원
• 기타 부동산산업 윤리 확산과 관련된 활동지원

총괄기획

건국대학교 부동산도시연구원장 이현석
케빈정/알에이케이 투자윤리연구센터장 유선종

기획운영진

케빈정/알에이케이 투자윤리연구센터 책임연구원 신은정
건국대학교 부동산학과 석사과정 정유나
건국대학교 부동산학과 석사과정 고성욱
건국대학교 부동산학과 석사과정 강민영
건국대학교 부동산학과 석사과정 음세호

집필진

세명대학교 부동산학과 백민석

부동산산업 윤리 시리즈 1
부동산개발의 윤리

초판발행	2020년 11월 25일
지은이	건국대 부동산·도시연구원 케빈정/알에이케이 투자윤리센터
펴낸이	안종만·안상준
편 집	전채린
기획/마케팅	노 현
표지디자인	이미연
제 작	고철민·조영환
펴낸곳	(주) **박영사**
	서울특별시 금천구 가산디지털2로 53, 210호(가산동, 한라시그마밸리)
	등록 1959. 3. 11. 제300-1959-1호(倫)
전 화	02)733-6771
f a x	02)736-4818
e-mail	pys@pybook.co.kr
homepage	www.pybook.co.kr
ISBN	979-11-303-0994-1 93300

정 가   10,000원